Gail Harker

Dekoratives Maschinensticken

Gail Harker

Dekoratives Maschinensticken

Ein Anleitungsbuch
mit vielen praktischen Beispielen
und Hinweisen
zum Sticken mit der Nähmaschine

Verlag Paul Haupt Bern und Stuttgart

Dieses Buch ist meinem Vater Steve Swabuk gewidmet.

Titel der englischen Originalausgabe:
Machine Embroidery
Von Gail Harker
Copyright © 1990 by Merehurst Limited, London

Aus dem Englischen übersetzt von Beate Gorman, D-4370 Marl
Fotos: Stewart Grant (ausgenommen Seiten 6/7)
Zeichnungen: Lindsay Blow

CIP-Titelaufnahme der Deutschen Bibliothek

Dekoratives Maschinensticken : ein Anleitungsbuch mit vielen
praktischen Beispielen und Hinweisen zum Sticken mit der Nähmaschine / Gail Harker.
[Aus d. Engl. übers. von Beate Gorman.
Fotos: Stewart Grant]. – Bern ; Stuttgart : Haupt, 1991
Einheitssacht.: Machine embroidery <dt.>
ISBN 3-258-04330-2
NE: Harker, Gail [Mitverf.]; Grant, Stewart [Ill.]; EST

Copyright © 1991 für die deutsche Ausgabe by Paul Haupt Berne
Alle Rechte für die deutsche Ausgabe vorbehalten

Inhalt

Einleitung 6

Automatisches und freies Maschinensticken 10

Automatisches Nähen 32

Freies Maschinensticken 52

Spezialeffekte 78

Entwürfe für das Maschinensticken 100

Stichwortverzeichnis 126

Dank 128

Einleitung

Seit 1755 wurden beträchtliche Fortschritte gemacht! Es scheint unglaublich, dass mehr als 200 Jahre vergangen sind, seit Charles F. Weisenthal im Jahre 1755 das britische Patent Nr. 701 für eine Maschine gewährt wurde, die Stickarbeiten erleichterte. Es handelte sich um die erste Nähmaschine; die Benutzerinnen der Haushaltsnähmaschine verdanken deren Entwicklung also der Stickerei.

Einige Jahre später, nämlich 1790, erfand Thomas Saint eine Maschine, die einen Kettenstich bilden konnte. Diese Maschine ahmte die Tamburierstickerei nach, eine Technik, die normalerweise von Hand mit einem Werkzeug, dem Tamburierhaken, ausgeführt wurde. 1845 führte Elias Howes Erfindung einer Maschine für den Steppstich, die mit zwei Fäden arbeitete, dazu, dass man sich schnell von den Kettenstichmaschinen auf diese Allzweckmaschinen umstellte.

Tausende von Patenten für Nähmaschinen wurden in vielen Ländern erteilt, und die Nähmaschine war eines der ersten Produkte des Industriezeitalters, das Streiks verursachen sollte. Der Franzose Thimonnier setzte 1830 80 Maschinen ein, um Armeekleidung nähen zu lassen. Diese Maschinen wurden in einer Revolte der Schneider zerstört, da man befürchtete, durch die Automatisierung das Handwerk zu ruinieren. Kanadas erster organisierter Streik entfachte sich 1852, als eine Nähmaschine in einer Schneiderwerkstatt eingeführt wurde.

Gegen Ende des 19. Jahrhunderts erregte das Maschinensticken das Interesse der Künstlerinnen. Dieses Interesse war das direkte Ergebnis der Bemühungen der Singer Sewing Machine Company, die jede Gelegenheit nutzte, ihre Nähmaschinen populär zu machen und zu verkaufen. Die Stickereien, die in den Werkstätten von Singer hergestellt wurden, sollten in erster Linie dem Prestige dienen und für die Möglichkeiten der Singer-Nähmaschine werben. Sie machten jedoch das Sticken mit der Haushaltsnähmaschine populär.

In den dreissiger Jahren unterrichtete Dorothy Benson (die als Lehrerin in den Werkstätten der Londoner Singer-Niederlassung arbeitete) Sticker und entwarf Arbeiten, die bleibenden Einfluss auf das Maschinensticken haben sollten. Eine besonders talentierte Schülerin war Rebecca Crompton. Einige ihrer Stickbilder kann man heute im Victoria and Albert Museum in London besichtigen. Der Einfluss von Nähmaschinen, die von Elektromotoren angetrieben wurden, machte sich jetzt bemerkbar, und die schwere Arbeit, die vorher bei der Herstellung von

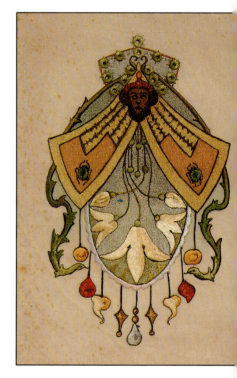

Dorothy Benson sollte durch ihre Lehrtätigkeit und ihre Arbeiten einen bleibenden Einfluss in der Welt des Stickens haben. (Foto mit freundlicher Genehmigung des Dorking-Zweiges der Embroiderers' Guild.)

Durch die Arbeiten von Rebecca Crompton erreichte das Maschinensticken künstlerische Glaubhaftigkeit und wurde langsam auch von den Kunsthochschulen als Kunstform mit grossem Potential akzeptiert. (Foto mit freundlicher Genehmigung des Dorking-Zweiges der Embroiderers' Guild.)

Stickarbeiten auf der Maschine nötig gewesen war, wurde stark reduziert.

Die Erfindung der Zickzackmaschine im 20. Jahrhundert war vielleicht die revolutionärste und aufregendste Entwicklung in der kurzen Geschichte der Nähmaschine. Die Nadel konnte sich bei diesem Maschinentyp von links nach rechts bewegen und einen Zickzackstich oder sogar einen dichten Satinstich ausführen. Dann kam die elektronische Nähmaschine mit all dem Drum und Dran des Raumfahrtzeitalters einschliesslich Computern, die auch bei Nähmaschinen Einzug fanden.

Und heute?

Bei all den technischen Spielereien der neuen Maschinen des Raumfahrtzeitalters und den programmierbaren Entwürfen ist es nicht unvernünftig zu fragen, worin das Aufregende am Maschinensticken heute liegt. Natürlich in der Kreativität! Die Auswahl, die der Maschinenstickerin heute zur Verfügung steht, ist gross, besonders wenn man sie mit den begrenzten Möglichkeiten der Technikerinnen in der Vergangenheit vergleicht. Die modernen Maschinen sind sehr präzise Instrumente, das Endresultat einer intensiven Entwicklung innerhalb der letzten 200 Jahre. Die modernen Maschinen haben aus der neuen Technologie grossen Nutzen gezogen. Das technische Geschick, das nötig ist, um moderne Maschinen zu handhaben und gute Resultate zu erzielen, ist bei weitem nicht so gross wie bei den altmodischen Maschinen. So kann fast jeder lernen, wie man mit einer modernen Maschine arbeitet und reizvolle Werke von herausragender Schönheit kreiert.

Den Maschinenstickerinnen steht heute eine riesige Auswahl an Materialien zur Verfügung, die es nie zuvor gegeben hat. Es kommen immer mehr Stoffe und Garne auf den Markt, und viele Hersteller stellen sich gezielt auf die Bedürfnisse der Maschinenstickerinnen ein.

Um dieses Medium zu entwickeln, braucht man ein Gefühl für Stoffe und für die Beziehung zwischen Stoff und Garn. Man sollte die Stoffe auf unterschiedliche Weise bearbeiten und mit der Formgebung durch das Nähen experimentieren. Strukturen entstehen durch das Nähen feiner, zarter Linien oder Kreise, durch freien Satinstich oder einfach durch alles, was einem in den Sinn kommt.

Man sollte auch die Möglichkeiten miteinbeziehen, die sich durch die eigene Stoffherstellung ergeben: durch Weben, Filzherstellung und andere Techniken. Wenn man einen selbsthergestellten Stoff mit der Maschine bestickt, kann das Design eine Stärke und Integrität gewinnen, die sich sonst nirgendwo wiederfindet.

Nützliche und praktische Kreationen lassen sich durch die Maschinenstickerei leicht herstellen. Man kann Gegenstände robust und haltbar machen, aber auch luxuriös und zart. Es ist wichtig, sein Denken zu erweitern und sich nicht völlig auf alte Konventionen in der Handstickerei und bei den verwendeten Materialien zu verlassen. Neue Techniken und die Materialien des Raumfahrtzeitalters können dazu beitragen, dieses Medium auf revolutionäre Weise auszunutzen. Wir sollten Experimenten gegenüber aufgeschlossen sein.

In **Fliegend über London** von Lisa Whitlam wurde der freie Vorstich sehr phantasievoll eingesetzt, um einen grossen Wandbehang zu bedecken.
Die Miteinbeziehung des Stoffes wird zu einem Merkmal.

Automatisches und freies Maschinensticken

In diesem Buch werden zwei Begriffe immer wieder auftauchen: das automatische und das freie Maschinensticken. Im ersten Fall bleibt der Transporteur, der den Stoff unter der Nadel entlangschiebt, oben und ist funktionstüchtig. Beim freien Maschinensticken wird er versenkt, so dass er keine Wirkung zeigt.

Der Transporteur kann bei den meisten Maschinen automatisch versenkt werden. Sollte dies bei Ihrem Modell nicht der Fall sein, muss über dem Transporteur eine Abdeckplatte angebracht werden, damit der Stoff nicht mit ihm in Berührung kommt. Bei einigen Herstellern ist diese Abdeckplatte beim Maschinenzubehör enthalten, aber wenn sie fehlen sollte, lässt sich dieselbe Wirkung erzielen, wenn man den Transporteur mit einem dünnen Stück Pappe abdeckt, dessen Kanten mit Klebefilm festgeklebt werden. Man kann auch einfach Transparentfilm über den Transporteur kleben. (Denken Sie daran, ein Loch zu machen, damit die Nadel einstechen kann.)

Der Transporteur muss beim automatischen Sticken und Nähen oben sein.

 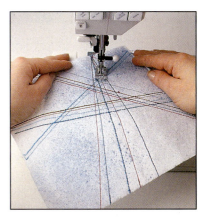

Automatisches Nähen mit einem Zickzackmuster. Der Presserfuss befindet sich an der Maschine.

Automatisches Nähen im Geradstich. Der Presserfuss befindet sich an der Maschine.

Automatisches Nähen

Die zahlreichen automatischen Nutz- und Zierstiche, die es bereits seit vielen Jahren gibt, können für das kreative Maschinensticken eingesetzt werden. Es ist jedoch möglich, die Anwendung dieser automatischen Stiche zu variieren, um sehr individuelle Arbeiten zu kreieren. Automatische Muster können verkürzt oder verlängert, weiter oder schmaler gemacht werden; es hängt ganz von der kreativen Phantasie der Künstlerin ab. Bei Computermaschinen, bei denen man individuelle Muster programmieren kann, ist es möglich, einzelne Stiche oder Stichfolgen einzustellen.

Freies Maschinensticken

Das freie Maschinensticken wird meistens in den Anleitungen der Hersteller unter dem Stichwort Stopfen behandelt. In der Regel zählen zwei Stiche dazu (Vorstich und Zickzackstich). Der Transporteur wird versenkt, und der Stoff, der häufig in einen Rahmen gespannt wird, von Hand unter der Nadel hin- und herbewegt. Die Kombination aus Verschiebung des Rahmens und Druck auf das Fusspedal gestattet es, die Länge des Stichs und die Nähgeschwindigkeit zu variieren.

Die Maschine kennenlernen

Wenn Sie ständig Probleme mit Ihrer Maschine haben, sollten Sie sie einmal überholen lassen. Erklären Sie dem Mechaniker, dass Sie die Maschine zum Sticken verwenden. Beschreiben Sie die Garnarten, die Sie benutzen, und die Wirkungen, die Sie erreichen wollen. Weisen Sie darauf hin, dass Sie die Ober- und Unterfadenspannung unabhängig voneinander einstellen müssen. Wenn es bei der Maschine bestimmte Einschränkungen gibt, wird der Techniker Sie darauf hinweisen.

Die erste Regel lautet: Lernen Sie Ihre Nähmaschine kennen. Keine Maschine kann alles vollbringen, auch eine neue nicht. Die Vertrautheit mit Ihrer Maschine entscheidet, was möglich ist und was nicht.

Jede, die eine neue Nähmaschine kaufen will, wird feststellen, dass es eine Vielzahl von Maschinen von verschiedenen Herstellern gibt, die neue Möglichkeiten und technischen Fortschritt anpreisen. Es wäre viel leichter, eine vernünftige Wahl zu treffen, wenn alle Hersteller dieselben Begriffe verwendeten, aber leider ist dies nicht der Fall. Es folgt eine Aufstellung der häufigsten Begriffe und Möglichkeiten. Es werden zwar nicht alle Maschinen auf dem Markt erschöpfend behandelt, aber ich möchte dennoch versuchen, das Verständnis zu erleichtern und zu zeigen, was erhältlich ist.

Geradstichmaschinen nähen nur einen geraden Allzweckstich.

Geradstichmaschinen

Dabei handelt es sich um einfache Maschinen, die nur gerade Stiche nähen.

Zickzackmaschinen

Zickzackmaschinen haben eine Nadelstange, die sich beim Nähen hin- und herbewegt. Diese Maschinen führen gerade Stiche und Zickzackstiche aus.

Halbautomatische Maschinen

Diese Maschinen führen einen Zickzackgrundstich aus und andere Nutzstiche. Die Nutzstiche werden meistens mit Hilfe von speziell geformtem Zubehör, den sogenannten Stichmusterschablonen, erreicht. Sie können bereits in der Maschine eingebaut sein oder werden von der Benutzerin ausgetauscht. Die Stichmusterschablone kontrolliert die Bewegung der Nadelstange zu beiden Seiten, so dass die Stichbreite variiert wird und Muster entstehen.

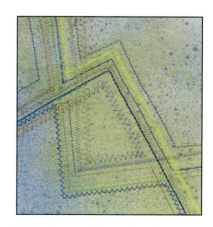

Zickzackmaschinen nähen gerade Stiche und Zickzackstiche.

 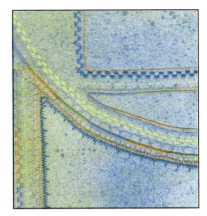 

Bei halbautomatischen Maschinen kann man die Stichbreite während des Nähens variieren.

Vollautomatische Maschinen kontrollieren automatisch den Transporteur für den Vor- und Rückwärtstransport des Stoffes, wobei diese Möglichkeit mit einer kontrollierten Seitenbewegung der Nadelstange kombiniert ist. Dies gestattet eine automatische Mustererzeugung. Vollautomatische Maschinen nähen all die Stiche der automatischen Maschine, aber zusätzlich kann die Stichbreite und -länge während des Nähens variiert werden.

Computermaschinen sind vollelektronisch und dementsprechend vielseitig. Bei einigen Modellen kann die Benutzerin individuelle Entwürfe und Muster programmieren, indem für den Transporteur und die Nadelstange neue Anleitungen geschaffen werden.

Vollautomatische Maschinen

Die vollautomatische Maschine führt gerade Stiche und Zickzackstiche aus. Mit ihr kann auch eine Vielzahl von Zierstichen ausgeführt werden.

Elektronische Maschinen

Die Verwendung des Wortes elektronisch hat sich in der Werbung zu einem Schlagwort entwickelt: Es kann praktisch für alles verwendet werden, weil es den Glauben an den technischen Fortschritt beschwört. Manche Hersteller behaupten, ihre Maschine sei elektronisch, wenn irgend eine elektronische Kontrollschaltung in der Maschine vorhanden ist, aber elektronische Kontrollschaltungen werden je nach Hersteller in vielen unterschiedlichen Bereichen eingesetzt.

Bei älteren Maschinen wurde die Nähgeschwindigkeit durch eine Änderung der Stromzufuhr oder Energie für den Motor kontrolliert. Langsamere Geschwindigkeiten bedeuteten geringere Energie, so dass die Nadel nicht mehr so stark einstach. Bei einer elektronischen Geschwindigkeitskontrolle erhält der Motor unabhängig von der Geschwindigkeit die volle Energie, so dass die Nadel bei langsameren Nähgeschwindigkeiten voll eindringt.

Vollelektronische Maschinen besitzen nicht nur eine elektronische Geschwindigkeitskontrolle, sondern bei den meisten Herstellerfirmen auch elektronische Kontrollschaltungen für die Nadelstange und den Transporteur. Diese werden auf Druckknopfbewegung wirksam. Das heisst, die Nähgeschwindigkeit, die Geschwindigkeit, mit der der Stoff transportiert wird, und die Tätigkeit der Nadelstange werden alle elektronisch aufeinander abgestimmt.

Abdeckplatte/Stopfplatte: Diese Platte, die normalerweise als Zubehör für die Maschine mitgeliefert wird, kann unterschiedliche Namen haben. Die Platte wird zum Abdecken des Transporteurs benutzt, wenn man Stopfarbeiten ausführt oder – bei Modellen, bei denen der Transporteur nicht versenkt werden kann – bei freien Arbeiten an der Maschine. Die Platte lässt sich mit Klammern oder einer Schraube befestigen.

Computermaschinen

Computermaschinen sind das Neueste in der Entwicklung der Nähmaschine und die teuersten Modelle. Eine Vielzahl an Mustern ist in Micro-Chip-Schaltungen vorprogrammiert, die meistens die Stichschablonen der automatischen Maschinen ersetzen und Stofftransport, Nadelstangenbewegung und Geschwindigkeit kontrollieren. Einige Maschinen haben ein Gedächtnis, das Stiche und Muster speichert und wieder aufruft. Diese Maschinen kann man mit individuellen Mustern, die für den späteren Gebrauch gespeichert werden, programmieren. Einige Maschinen haben austauschbare Steckmodule für Muster, die gegen Aufpreis zusätzlich erhältlich sind.

Checkliste für die Käuferin

Freies Maschinensticken kann auf fast jeder Nähmaschine ausgeführt werden, aber die folgenden Punkte sollten in Betracht gezogen werden, bevor Sie eine neue Maschine kaufen.
- Überprüfen Sie, ob der Transporteur in der Nadelplatte versenkt werden kann oder nicht.
- Wenn der Transporteur nicht versenkt werden kann, sollte eine Abdeckplatte vorhanden sein. Überprüfen Sie, ob irgendwelche Teile hervorstehen, die den Stickrahmen behindern könnten.
- Für die Maschinenstickerei ist ein Flachbett vorzuziehen. Wenn das Bett abgeschrägt ist, sollten Sie darauf achten, dass der Stickrahmen ohne Zwischenraum fest auf das Bett der Maschine gelegt werden kann.

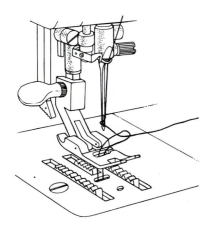

Der Presserfuss übt Druck auf den Stoff aus, so dass der Transporteur den Stoff festhält und ihn mit der richtigen Geschwindigkeit weiterbewegt, während die Maschine automatisch Stiche näht. (Einige Maschinen haben einen Nähdruckwähler, so dass der Druck, der auf den Presserfuss ausgeübt wird, variiert werden kann.) Der Presserfuss sollte sich oben befinden, wenn man den Oberfaden einlegt. Führt man freie Arbeiten ohne Presserfuss aus, *muss* sich die Presserstange unten befinden.

Der Transporteur muss sich in einer zylindrischen Auf- und Abbewegung nach hinten und vorn bewegen und den Stoff während des konventionellen oder automatischen Nähens unter der Nadel weiterbewegen. Bei freien Arbeiten wird der Transporteur versenkt oder abgedeckt.

Stichplatte: Die verschiedenen Hersteller haben unterschiedliche Namen für diese Platte, die Schlitze hat, durch die sich der Transporteur und die Nadel bewegen.

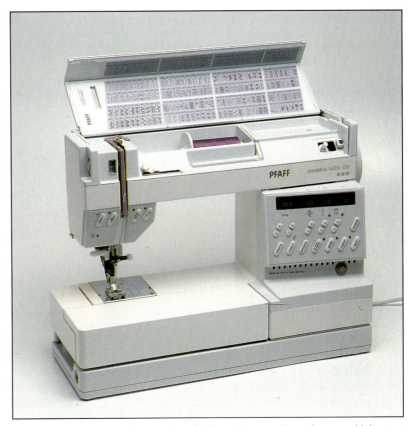

Man sollte die Namen der einzelnen Nähmaschinenteile gut kennen. Nehmen Sie das Handbuch Ihrer Maschine zur Hand und identifizieren Sie jeden einzelnen Teil, so dass bei keiner der folgenden Anleitungen Verwirrung entsteht.

● Achten Sie darauf, dass die Spulenspannung variabel ist. Einige Spulenkapseln lassen sich aus der Maschine entfernen und einstellen, indem die Spannungsschraube an der Seite der Spulenkapsel gedreht wird. Andere Spulengehäuse, in die die Spulen eingelegt werden, sind fest in die Maschine eingebaut. Einige von ihnen werden mit einer Stellschraube mit einer abgestuften Spannungsskala eingestellt, während andere Maschinen eine Spannungsschraube, aber keine numerische Skala haben. Da die Spulen regelmässig gewechselt werden und die Spannung variabel sein muss, macht es sich bezahlt, eine Maschine mit leicht zugänglicher Spule zu kaufen.

Automatisches Nähen

Bevor man mit dem Sticken beginnt, sollte man die Maschine immer erst für eine Probe einstellen, so dass sie *perfekte, gerade Stiche* näht. Erfahrene Maschinenstickerinnen kennen die Bedeutung eines kleinen Probelappens, mit dem alle Maschinenfunktionen und -techniken überprüft werden.

Einlegen des Fadens Der Presserfuss befindet sich oben, damit die Spannungsscheiben offen sind. Der Oberfaden (der durch die Nadel läuft) wird nach Anleitung des jeweiligen Handbuchs durch die Fadenführungsösen gefädelt. Auf die Spule wird ein Faden derselben Stärke. aber von unterschiedlicher Farbe gespult. Die Spule wird in die Maschine gelegt. Überprüfen Sie, ob die Nadel spitz und gerade ist. Bringen Sie Ober- und Unterfaden nach oben, und legen Sie den Stoff unter die Nadel.

Kontrollvorrichtungen der Maschine Stellen Sie den Presserfuss nach unten; überprüfen Sie, ob der Transporteur oben ist; stellen Sie die Spannung normal ein (zwischen 3 und 5), und stellen Sie den Stichregler auf Geradstich ein.

Das Nähen Nähen Sie eine gerade Naht. Wenn der Oberfaden an der Stoffunterseite sichtbar wird, wird die Oberfadenspannung langsam erhöht. Nähen Sie dann eine weitere Naht, bis auf der Unterseite kein Oberfaden mehr sichtbar ist. Wenn der Unterfaden auf der Stoffoberseite sichtbar ist, wird langsam die Unterfadenspannung erhöht, bis der Unterfaden auf der Oberseite nicht mehr sichtbar ist.

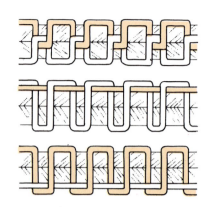

Wenn weder auf der Stoffober- noch auf der -unterseite ein kontrastierender Faden erscheint, ist der Vorstich perfekt. Einige Maschinen nähen möglicherweise keinen perfekten geraden Stich: Wenn Sie Probleme haben, schlagen Sie im Teil für die Störungsbeseitigung nach (Seite 124).

Ober- und Unterfadenspannung für normale Nähte

Es ist wichtig, dass die Spannung an der Maschine eingestellt werden kann, obwohl einige Handbücher davor warnen. Einige Maschinen sind mit einer sogenannten Universalspannung ausgestattet, und theoretisch brauchen derartige Maschinen keine Neueinstellung. In der Praxis ist es jedoch wichtig, dass man die Spannung für spezielle Sticktechniken auf der Maschine einstellen kann.

Die Oberfadenspannung

Die Oberfadenspannung kann mit einer numerierten Wählscheibe oder einem Knopf eingestellt werden. Die Skala reicht meistens von 0 bis 10: 0 bedeutet keine Oberfadenspannung, 3 bis 5 die normale und 6 bis 10

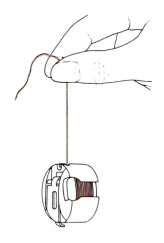

Der Unterfaden sollte sich nicht allein durch das Gewicht der Spulenkapsel abspulen. Wenn der Faden sich schnell abwickelt, ist die Unterfadenspannung zu locker. Wenn der Faden sich nicht abwickelt, ist die Spannung zu hoch.

eine sehr hohe Oberfadenspannung. Einige Maschinen haben keine numerische Skala. Sie haben statt dessen eine einfache «+»- oder «–»-Anzeige neben der mittleren oder normalen Einstellung.

Die Unterfadenspannung für entnehmbare Spulenkapseln

Spulen Sie das gewünschte Garn auf die Spule, und legen Sie diese in die Spulenkapsel ein.

Die meisten Spulenkapseln haben eine Stellschraube und eine Spannungsschraube. Die Stellschraube hält die Spannungsfeder fest. Die Spannungsschraube ist diejenige, die eventuell eingestellt werden muss. Wenn die Spannungsschraube eingestellt wird, sollte die Schraube immer nur um eine halbe Umdrehung weitergestellt werden. Halten Sie die Spulenkapsel mit der offenen Seite (die Seite, in der die Spule eingelegt wird) vor sich, und drehen Sie die Spannungsschraube im Uhrzeigersinn, um die Spannung zu erhöhen. Soll die Spannung verringert werden, wird die Schraube gegen den Uhrzeigersinn gedreht. Seien Sie vorsichtig: Diese kleine Schraube springt schnell heraus und geht leicht verloren.

Einige Maschinen haben ein eingebautes Spulengehäuse, das sich nicht herausnehmen lässt. Es liegt flach unter der Stichplatte. Im allgemeinen ist neben einer numerierten Skala eine Spannungsschraube vorhanden. Um die Spannung einzustellen, verwendet man den Schraubenzieher der Nähmaschine: «0» bedeutet wenig oder keine Spannung, höhere Zahlen stehen für höhere Spannungen (manche Maschinen haben auch ein «+»- oder «–»-System).

Stoffe für das Maschinensticken

Ein mittelschwerer bis schwerer Baumwollstoff ist für erste Versuche im Maschinensticken ideal. Eine Baumwoll-Polyester-Mischung ist für das Maschinensticken im allgemeinen nicht empfehlenswert, da dieser Stoff wegen seiner Leichtigkeit dazu neigt, sich zu kräuseln.

Versuchen Sie es mit Baumwollstoffen verschiedener Stärke, mit Seide, Satin, Acetat, Leinen, Tüll, hundertprozentigem Nylon, Gardinenstoffen, Rayon, Kunststoffolie, Papier, Einkaufsnetzen, Baumwoll-Leinen-Mischungen in allen Stärken, Mull, Leder, Vinyl, Spitze, Schleifen, Samt und Stoffeinlagen. Alles, durch das eine Nadel stechen kann, ist für das Maschinensticken geeignet.

Sie werden feststellen, dass jeder Stoff seine ganz speziellen Eigenschaften hat, die leichte Veränderungen der Maschineneinstellungen erforderlich machen.

Bei einigen Stoffen muss man eine Unterlage verwenden, damit sie beispielsweise für den Satinstich oder schwere, automatische Stickstiche fest genug sind. Für diesen Zweck kann man eine Papierunterlage oder eine aufbügelbare Einlage verwenden.

Bei Stretchmaterialien ist es ratsam, sie auf eine feste, mittelschwere Baumwollunterlage zu stecken, bevor man sie zum Besticken in den Stickrahmen gibt. Stoffe, die sich sehr stark dehnen, lassen sich nur schwer gleichmässig in den Rahmen spannen. Wenn der Stoff dann aus dem Rahmen genommen wird und die Spannung nachlässt, verschwindet die Stickerei möglicherweise im Stoff. Manche Stoffe sind zu dünn, um allein für die Maschinenstickerei verwendet zu werden. In diesen Fällen nimmt man den Stoff doppelt, um eine feste Grundlage für die Stickerei zu schaffen.

Wenn das Garn dazu neigt, bei einem bestimmten Stoff oder Papier zu reissen, kann die Verwendung einer grösseren Nadel Abhilfe schaffen.

Achten Sie auf die Wirkung von schweren Garnen auf leichten Stoffen: Sehr feine Stoffe ziehen sich, wenn sie über die Gesamtfläche mit einem sehr schweren Garn bestickt werden, es sei denn, dass man eine Unterlage verwendet. Passt das Gewicht des Garns zu dem des Stoffes, entsteht ein gleichmässigerer Stich. Wenn man bei der Entwicklung seines Könnens im Maschinensticken an dieser Stelle angelangt ist, sollte man sich ein Heft zum Nachschlagen anlegen. In einem Ringbuch kann man Stoffmuster und Garnproben sammeln und Techniken, Spannungen und Maschineneinstellungen vermerken.

Zu den Stickmaterialien gehören Seide, Baumwoll-Seiden-Mischungen, mercerisierte Baumwolle, Baumwollmusselin, Baumwollorgandy, Nylonorganza, Einlagen für Vorhangstoffe, Satinacetat, leichte Wollstoffe, Baumwollsamt, Seidentaft, Leder, Nylonnetz, Filz, schwere Baumwolle, Schleifenband und Garne für das Maschinensticken.

Einlagen

Oft passiert folgendes: Man beobachtet eine Nähmaschinenvorführung, sieht, wie wunderbare Nähte entstehen, kauft die Maschine und stellt dann zu Hause fest, dass die Stichmuster nicht ganz der Qualität bei der Vorführung entsprechen. Wahrscheinlich hat man übersehen, dass die Vorführung auf einem sehr festen Stoff oder auf mehreren Stofflagen durchgeführt wurde.

Häufig sind automatische Zierstiche sehr schwer und können den Stoff, auf dem sie gearbeitet werden, kräuseln. Man muss daher sichergehen, dass eine feste Unterlage verwendet wird, damit dies nicht passiert. Glücklicherweise gibt es Produkte, die der Maschinenstickerin bei derartigen Problemen helfen. Eine Reihe von Herstellern produziert Papiereinlagen, die als Vlieseline oder unter anderen Namen bekannt sind.

Der Satinstich und viele der komplizierten Computermuster, die es bei einigen Maschinen gibt, machen diese Art Unterlage erforderlich. Wenn diese Produkte nirgendwo erhältlich sind, kann man auch normales Papier verwenden, es lässt sich jedoch nicht so sauber wegreissen.

Andere Produkte, die man verwenden kann, sind die aufbügelbaren oder gewebeverbindenden Einlagen. Diese verändern jedoch die Griffigkeit und Biegsamkeit des Stoffes, für den sie verwendet werden.

Experimentieren Sie mit allem. Aufbügelstoffe gibt es in leichter, mittlerer und schwerer Stärke: In der Stoffhandlung am Ort finden Sie sicherlich eine gute Auswahl.

Einlagen für Vorhangstoffe sind ein sehr dickes, steifes Produkt, das Vorhängen grössere Festigkeit verleihen soll. Weil es so steif ist, kann es ohne Rahmen für automatische und freie Maschinensticktechniken verwendet werden. Auf diesem Material lassen sich kreative Stickereien ausführen.

Doppelseitig gewebeverbindende Einlagen sind ideal, um Applikationen mit dem Untergrund zu verbinden. Die Applikationsstücke müssen dann nicht festgeheftet werden.

Sich auflösender Musselin

Dabei handelt es sich um ein verstärktes, chemisch behandeltes Material, das sich auflöst, wenn es mit dem Bügeleisen erhitzt wird. Aufgrund dieser Eigenschaft können auf diesem Material Stiche ausgeführt werden, die dann allein zurückbleiben, wenn der Stoff gebügelt wird. Als

1 Mit einer Papiereinlage oder einfachem Schreibmaschinenpapier kann man den Stoff beim Nähen verstärken. Dazu wird ein passendes Stück Einlage unter den zu bestickenden Stoff zwischen den Stoff und die Nadelplatte gelegt. Nähen Sie das Muster oder den Entwurf auf den Stoff.

2 Drehen Sie den Stoff um, und reissen Sie die Einlage vorsichtig weg. Sie lässt sich sauber von der Arbeit abtrennen und lässt ein gleichmässiges Muster ohne Falten und Kräusel zurück.

Sie können eine Einlage auch als Hintergrundmaterial für eine Stickarbeit verwenden. Die meisten Einlagen lassen sich sehr gut färben. Bei diesem Bild von June Lovesy wurde die Einlage gefärbt, in Streifen gerissen und als Hintergrundmaterial wieder zusammengesetzt. Das obenliegende Spitzenmaterial ist auf einem Stoff gearbeitet, der sich in heissem Wasser auflöst.

Hilfe beim Entwurf kann man die Muster vorher auf den Stoff zeichnen. Mit diesem Material kann man andere Stoffe steifer machen oder sie beim Maschinensticken verstärken. Der Musselin lässt sich nicht nur mit einem heissen Bügeleisen auflösen, sondern auch in einem auf 150°C erhitzten Backofen. Wenn der Musselin sich braun verfärbt, wird er mit einer weichen Zahnbürste weggebürstet.

Garne für das Maschinensticken

Garne für das Maschinensticken unterscheiden sich stark von normalem Nähgarn. Garne, die ausschliesslich für diesen Zweck hergestellt werden, müssen nicht so stark gedreht sein wie normales Garn. Aus diesem Grund fehlt es ihnen an Spannungsstärke; die Garne sind weicher und neigen dazu, sich stärker auszubreiten und Bereiche mit weniger Nadelstichen zu bedecken.

Das Numerierungssystem für Maschinenstickgarne ist dasselbe wie für Nähgarne und hängt vom Gewicht ab. Da die Drehung jedoch lockerer ist, sieht das Endresultat ganz anders aus. Ein Nähgarn Nr. 40 ist beispielsweise viel zu schwer für das Maschinensticken und wird sich bei nah beieinander ausgeführten Stichen verwirren und hoffnungslos zusammenballen. Ein Garn Nr. 40 für das Maschinensticken gleitet dagegen mühelos durch die Maschine und verursacht keine Probleme. Ein Nähgarn Nr. 50 kann für das Maschinensticken verwendet werden, da dies ein Garn von mittlerem Gewicht ist. Es ist feiner als ein Nähgarn Nr. 40 und wird durch die Maschine gleiten. Ein Maschinenstickgarn Nr. 50 scheint jedoch viel feiner als ein Nähgarn Nr. 50. Es ist das feinste Garn, das man überhaupt kaufen kann. Wenn Maschinenstickgarne in Ihrer Nähe nicht erhältlich sind, können Sie auch Nähgarn verwenden.

Die Merkmale der beiden Garnsorten wurden für bestimmte Zwecke entwickelt. Garnen für die Maschinenstickerei fehlt es – abgesehen von den schwereren – an Kraft, daher ist es nicht ratsam, sie für normale Näharbeiten zu verwenden. Andererseits ergeben sie beim Sticken eine schöne, gleichmässige, glänzende Deckung, weil sie weich und geschmeidig sind.

Garne für das Maschinensticken werden aus einer Vielzahl von Fasern hergestellt. Sie reichen von hundertprozentiger Baumwolle, Viskose-Rayon mit hoher Spannungsstärke, Nylon, Polyamid und Seide zu Wolle und Mischungen aus Wolle und Acryl und zu metallischen Garnen. So kann man ein Garn in matter, glänzender oder metallischer Ausführung wählen, je nachdem, was zum Entwurf und Endverbrauch passt.

Wenn es wünschenswert ist, schwerere Garne zu verwenden, sollten sie auf die Spule gespult werden. Sechsfädige Baumwollgarne für das Handsticken, Florettseide oder Seide können genau wie Perlgarne (alle Gewichte) und einige Strick- und Häkelgarne auf diese Weise verwendet werden, ebenso schwerere Metallgarne, vorausgesetzt letztere sind nicht so drahtig, dass sie nicht richtig durch die Maschine laufen.

Spezielle Garne für das Maschinensticken können als Oberfäden verwendet werden △, andere Garne jedoch lassen sich für Spezialeffekte benutzen. Dazu zählen schwere Garne wie Perlgarne, Häkelgarne und Garne für Frivolitätenarbeiten ▷.

Einige schwerere Garne, beispielsweise Baumwollgarne für die Frivolitätenarbeit, Knopflochgarn und schwerere Maschinenstickgarne können als Oberfaden verwendet werden, vorausgesetzt man nimmt eine grössere Nadel oder eine Nadel mit einem grösseren Öhr.

Der Unterfaden

Unabhängig von dem Garn, das als Oberfaden verwendet wird, sollte man für die Spule Baumwollgarn für das Maschinensticken der Stärke

Nr. 30 oder 50 verwenden, es sei denn, man möchte besondere Effekte erzielen. Da dieses Garn nicht sichtbar wird, ist es egal, welche Farbe es hat. Wenn die Rückseite der Arbeit sichtbar wird, sollten Ober- und Unterfaden dieselbe Farbe haben. Alle Maschinenstickarbeiten sind feiner und lassen sich leichter arbeiten, wenn als Unterfaden ein Baumwollgarn speziell für die Maschinenstickerei verwendet wird.

Tips für den Garngebrauch

Der Oberfaden reisst Dies kommt meistens dann vor, wenn die Maschine für normale Näharbeiten mit starkem Nähgarn eingestellt und die Oberfadenspannung für das Maschinensticken zu hoch ist.

Versuchen Sie, die Oberfadenspannung langsam zu reduzieren. Wenn Sie bei Spannung 3 beginnen, müssen Sie sie möglicherweise auf 1 reduzieren. Jede Maschine ist anders, aber denken Sie daran, dass eine Veränderung der Spannungseinstellung der Maschine nicht schadet.

Nadeln Für einige Spezialgarne braucht man grössere Nadeln, aber für normale Stickarbeiten sollte man es mit der Grösse 90 (14 USA/England) versuchen. Wenn man Metallic-Garne verwendet, sollte man die Nadel häufig wechseln. Achten Sie darauf, dass die Nadeln nicht verbogen oder «rauh» sind, also Einkerbungen oder scharfe Kanten haben. Dies können Sie feststellen, wenn Sie mit dem Finger über die Nadel gleiten. Wenn Sie Nadeln in die Maschine einsetzen, müssen Sie darauf achten, dass sie so weit wie möglich in dem Nadelschlitz stecken und richtig herum eingesetzt sind.

Unkontrolliertes Abwickeln des Garns Einige Metallic- und Rayongarne neigen dazu, sich unkontrolliert von der Garnrolle abzuspulen. Einzelne Hersteller haben dieses Problem gelöst, indem an der Maschine eine zusätzliche Führung angebracht wurde. Häufig kann diese an den Garnhalter geklammert werden. Wenn es diese Vorrichtung für Ihre Maschine nicht gibt, lässt sich das Problem lösen, indem man eine Gobelinnadel neben die Garnrolle oder dahinter klebt und sie etwas höher als die Garnrolle befestigt. Eine weitere Möglichkeit zur Lösung dieses Problems ist ein Stück Filz, das so zugeschnitten wird, dass es unter die Garnrolle passt. Manche der neueren Maschinen haben horizontal angebrachte Garnrollenhalter. Sie sind für die Maschinenstickerin nützlich, da Probleme mit dem Abspulen auf diese Weise gelöst werden.

Das Garn reisst an der letzten Führung Falls dies ein Problem ist, lassen Sie diese Führung, die zur Nadel hinführt, wenn möglich, aus.

Eine zusätzliche Fadenführung ist ein nützliches Hilfsmittel, wenn ein Garn die Neigung hat, sich unkontrolliert abzuwickeln.

Nadeln für das Maschinensticken

Es ist wichtig, dass man als Maschinenstickerin weiss, welches Nähmaschinennadelsortiment es gibt.

Europäische und amerikanisch/englische Nadelgrössen

Europäisch	60	70	80	90	100	110	120
Amerikanisch/englisch	8	10	12	14	16	18	20
	Sehr fein			Mittel			Sehr schwer

Die Nadelgrösse wird meistens nach Gewicht und Art des verwendeten Stoffes ausgewählt. Grösse 90 (14) liegt in der Mitte des Sortiments und wird für Näharbeiten an Stoffen mittleren Gewichts verwendet. Eine mittlere Grösse ist für Anfängerinnen gut geeignet, da sie sich bei dem freien Maschinensticken nicht so leicht biegen wie eine feinere Nadel. Feine Nadeln neigen dazu, sich zu verbiegen, zu brechen oder Stiche auszulassen, und Maschinenstickgarne reissen dann leicht. Eine der häufigsten Ursachen für ausgelassene Stiche ist, dass die Nadel falsch herum oder nicht hoch genug eingesetzt wurde. Achten Sie also darauf, dass Sie die Nadeln richtig einsetzen. Es ist wichtig, die Nadeln häufig zu wechseln, wenn man Synthetikstoffe bearbeitet oder Metallic-Garne verwendet.

Obwohl die allgemeinen Tabellen für die Anpassung von Nadelgrössen und Stoffen für Schneiderarbeiten nützlich sind, treffen sie normalerweise auf das Maschinensticken nicht zu. Für Stickarbeiten muss man eine Nadel wählen, die für die Verwendung der modernen Maschinenstickgarne geeignet ist. Dazu zählen Fasermischungen und gedrehte Metallic-Garne, für die eine schwerere Nadel verwendet werden muss. Auch wenn Sie am Anfang eine Nadel der Grösse 90 (14) verwenden, ist es ratsam, eine grössere Grösse zu wählen oder eine Nadel mit grösserem Öhr zu verwenden, wenn Sie mit den Garnen Probleme haben.

Neben amerikanisch/englischen und europäischen Grössen gibt es bei der Wahl der Nadel durch die Verwendung unterschiedlicher Nähsysteme weitere Verwirrung. Glücklicherweise wird bei den meisten modernen Zickzackmaschinen nur ein System verwendet. Auf den Nadelpackungen wird es mit 130/705H bezeichnet. Man sollte jedoch Vorsicht walten lassen: Lesen Sie in dem Handbuch Ihrer Nähmaschine nach, welches das richtige Nadelsystem für Sie ist. In der folgenden Liste ist eine Auswahl an Spezialnadeln mit einigen Anwendungen für das Sticken aufgeführt.

Zwillingsnadeln Diese werden in verschiedenen Grössen hergestellt, wobei der Abstand zwischen den beiden Nadeln unterschiedlich gross ist. Neben der Systemnummer ist die Abstandsgrösse und die Nadelgrösse auf der Packung vermerkt. Die Bezeichnung 1.6/80 bedeutet beispielsweise Nadeln der Grösse 80 mit einem Abstand von 1,6 mm. Beim Auffädeln von Zwillingsnadeln werden zwei Garne wie für eine einzelne Nadel durch die oberen Führungen der Maschine gefädelt. Die beiden Garne werden dann durch getrennte Teile der Spannungsscheiben gefädelt und schliesslich jedes für sich durch eine Nadel. Die Spule enthält einen Faden. Bei der Verwendung der Zwillingsnadel entstehen zwei parallel verlaufende Nähte. Mit ihr lassen sich einige Zier- und Zickzackstiche arbeiten.

Überprüfen Sie zuerst von Hand, ob die Nadel durch die Stichplatte geht, bevor Sie automatische Zickzackstiche arbeiten. Für manche Maschinen gibt es spezielle Anleitungen für das Auffädeln von Zwillingsnadeln, schlagen Sie also in der Maschinenanleitung nach.

Drillingsnadeln Nicht bei allen Nähmaschinen kann man Drillingsnadeln verwenden, lesen Sie vorher in der Anleitung nach, ob dies bei Ihrer Maschine möglich ist. Mit der Drillingsnadel entstehen drei parallele Stichreihen, wobei drei Oberfäden verwendet werden. Diese Nadeln kann man für Zier- und Zickzackstiche verwenden.

Nadeln mit Kugel- oder Ballspitze Synthetik- und Strickstoffe können sich einer «scharfen» Nadel widersetzen, so dass Stiche ausgelassen werden. Nadeln mit Kugel- oder Ballspitze wurden entwickelt, um dieses Problem zu umgehen: Die Ballspitze drückt

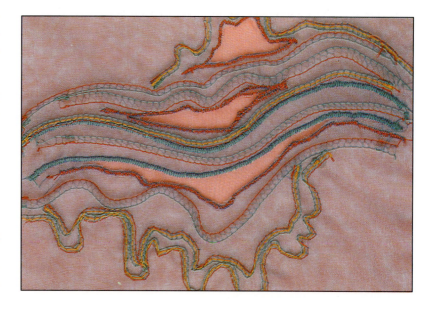

Mit Zwillingsnadeln kann man ungewöhnliche und kreative Effekte in dem Maschinensticken erzielen. Der Abstand zwischen den Schäften ist unterschiedlich, genau wie die Grösse der Nadeln. Drillingsnadeln lassen sich nicht bei allen Maschinen verwenden: Lesen Sie in Ihrem Handbuch nach, was für Ihre Maschine gilt. Mit diesen Spezialnadeln sind viele feine Effekte möglich.

Doppelnadeln mit flachem Schaft ◁ werden normalerweise für das Nähen von Säumen verwendet, aber bei Experimenten im Maschinenstikken kann man damit aufregende Muster erzeugen.

Einzelnadeln mit flachem Schaft ▷ perforieren Stoffe wie Batist, Organdy und Musselin, so dass interessante, dekorative Effekte entstehen.

die Fasern auseinander, statt sie zu durchbohren und zu zerreissen. Achten Sie immer darauf, dass Sie den richtigen Typ für Ihre Maschine kaufen.

Jeansnadel Diese Nadel mit ihrer scharfen und spitz zulaufenden Spitze wurde entwickelt, um dichte Stoffe wie Denim zu durchstechen. Sie ist für Stickarbeiten auf schweren Stoffen sehr nützlich.

Ledernadel Die Ledernadel hat eine keilförmige Spitze, so dass sie Materialien wie Leder, Wachstuch, Vinyl und andere Kunststoffmaterialien durchstechen kann.

Nadel mit grossem Öhr Diese Nadel hat ein grösseres Öhr, als eine Nadel dieser Grösse normalerweise haben würde. Die Nadel wird für das automatische und freie Nähen verwendet und ist für schwere Garne ideal.

Nadel mit flachem Schaft Bei dieser Nadel ist der Nadelschaft abgeflacht und verbreitert, so dass die Nadel ein vergrössertes Eingangsloch macht und den Stoff dekorativ bei der Bearbeitung feiner Stoffe wie Batist und Organdy perforiert. Sie ist für freies Arbeiten sehr gut geeignet.

Doppelnadel mit flachem Schaft Diese Nadel ähnelt der Zwillingsnadel, mit dem Unterschied, dass eine der Nadeln wie eine Einzelnadel mit flachem Schaft geformt ist.

Nähfüsse und Maschinenzubehör

Die Nähfüsse und Zubehörteile, die hier aufgeführt sind, sind besonders für das automatische, das Zier- und freie Maschinensticken geeignet.

Stickfuss für Satinstich Dieser Stickfuss hat an der Unterseite eine flache Rille, so dass der Fuss leicht über das hohe Stichmuster laufen kann. Auf diese Weise wird der Stoff gleichmässig transportiert.

Stopffuss Obwohl man mit den meisten Maschinen auch ohne Fuss freie Stickarbeiten ausführen kann, ist es aufgrund der Eigenarten mancher Maschinen nötig, für das freie Sticken den Stopffuss zu verwenden. Der Stopffuss hält den Stoff fest und dient auch als Sicherheitsvorrichtung, so dass die Finger nicht unter die Nadel geraten.

Heftstichfuss Dieser Fuss wird auch verwendet, um bei Automatiknähten eine Franse herzustellen. Er hat in der Mitte eine hohe Furche, so dass eine hohe Schlingenfranse entsteht, wenn im Satinstich genäht wird.

Teflonfuss/Rollfuss Beide Nähfüsse können für das automatische Nähen auf Stoffen wie Vinyl, Plastik oder Leder verwendet werden.

Geradstich-Nähfuss Dieser Fuss wird vor allen Dingen für Stick- und Applikationsarbeiten verwendet. Eine Seite des Fusses ist kürzer als die andere, so dass beim Sticken der bearbeitete Bereich immer gut sichtbar ist.

Biesennähfuss Dieser Fuss wird beim automatischen Nähen verwendet. Er hat eine bis sieben Rillen auf der Unterseite, so dass Biesen oder Fältchen mit einer Zwillingsnadel leichter genäht werden können. Die Rillen halten eine oder mehrere bereits genähte Linien in Position, während die Nadeln weitere parallele Linien nähen.

Bindlochplatte Diese Platte wird meistens auf der Stichplatte befestigt. Sie hat einen kleinen zylindrischen Vorsprung, der durch ein kleines Loch, das in den Stoff gebohrt wurde, plaziert ist. Um die Kanten herum wird im Zickzackstich genäht, bis ein gleichmässiger Satinstich erreicht wird. Diese Platte wird nur bei Maschinen mit Pendelnadel verwendet.

Fransengabel Dieses Zubehörteil produziert beim automatischen Nähen eine Franse. Man kann diese Franse so lassen wie sie ist oder aufschneiden, so dass eine Franse ohne Schlingen entsteht.

Einige nützliche Nähfüsse und Zubehörteile für die Maschinenstickerei, im Uhrzeigersinn von oben links: Stopffuss, Bindlochplatte, Heftstichfuss, normaler Nähfuss, Biesennähfuss, offener Fuss für Applikationsarbeiten, Teflonfuss.

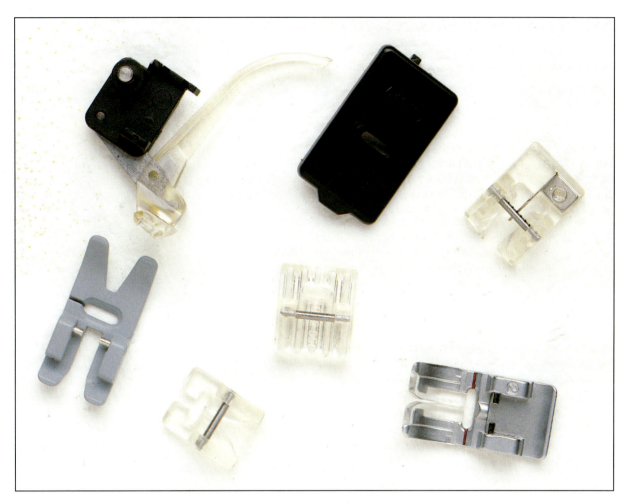

Nähzubehör für das Nähen von Kreisen Beim automatischen Nähen stellt dieses Zubehörteil genaue Kreismuster her. Der Stoff muss in einen Stickrahmen gespannt werden. Durch den Stoff wird ein Dorn zu einem Lokalisierungsloch, das etwas entfernt von der Nadel liegt, gestochen. Dann kann man jeden Automatikstich ausführen, wobei die Arbeit um den Dorn gedreht wird und ein Kreismuster entsteht.

Walzenfuss Dieser Fuss transportiert sperrige oder glatte Stoffe gleichmässig.

Stickrahmen für das Maschinensticken

Falls der Stoff nicht sehr steif ist, ist es wichtig, für freie Arbeiten einen Rahmen zu verwenden. Der Rahmen hält den Stoff fest, um den Stoff zu steuern, wenn der Transporteur versenkt oder ausgeschaltet und der Presserfuss entfernt wird. Rahmen helfen auch, Stoffe während dem freien Maschinensticken zu handhaben.

Allgemein gilt, dass der Stoff um so fester gespannt werden kann, je kleiner der Rahmen ist. Unabhängig von der Grösse des Rahmens muss man jedoch darauf achten, dass aussen herum genug Stoff übersteht.

Runde Rahmen

Runde Stickrahmen oder Reifen gibt es in vielen Grössen und aus unterschiedlichen Materialien. Sie können aus Holz, Kunststoff oder Metall bestehen. Holz- und Metallrahmen haben meistens eine Rändelschraube am äusseren Ring, um den Rahmen für Stoffe unterschiedlicher Dicke und Dichte anzupassen. Einige Holzrahmen sind zu hoch, um leicht unter der Nadel herzupassen. Wenn dies der Fall ist, kann man eine Kerbe in den Rand schneiden, damit der Holzrahmen unter der Nadel hergeschoben werden kann. Es ist ratsam, den inneren Ring des Holzrahmens mit schmalem Schrägband zu umwickeln, das am Ende mit einigen Stichen gesichert wird. Das Schrägband verhindert, dass der vom Rahmen gehaltene Stoff verrutscht.

Kunststoffrahmen haben auf der Innenseite des Rings eine Rille, die einen gefederten Innenring aus Metall enthält. Diese Rahmen sind für feinere Stoffe wie feine Baumwoll- und Seidenstoffe empfehlenswert.

1 Legen Sie den äusseren Ring auf eine feste, flache Unterlage, und legen Sie den Stoff darüber.

2 Drücken Sie den inneren Ring in den äusseren. Überprüfen Sie, ob der Stoff straff gespannt ist, indem Sie ihn vorsichtig um den Ring ziehen und dehnen. Vielleicht muss die Spannungsschraube am Ring fester gestellt werden. Drücken Sie den inneren Ring etwas unter den äusseren Ring, damit der Stoff direkt auf der Nadelplatte liegt.

Damit der Stoff für die freie Maschinenarbeit richtig gesichert wird, sollte der Durchmesser jedoch höchstens 12 cm betragen. Achten Sie darauf, dass der Stoff im Rahmen direkt auf der Stichplatte liegt und keine Zwischenräume vorhanden sind.

Das freie Maschinensticken ohne Rahmen

Sehr steife Stoffe lassen sich auch ohne Rahmen bearbeiten. Geeignete Stoffe sind Stramin, Einlagen für Vorhangstoffe, Buckram oder leichtere Stoffe, die mit einem Spray für Springrollos verstärkt wurden. Aus Sicherheitsgründen ist es empfehlenswert, den Stopffuss zu verwenden, damit die Finger geschützt sind.

Anderes Zubehör

Scheren Verwenden Sie eine Schneiderschere zum Zuschneiden des Stoffes und eine kleine, spitze Schere für das Zuschneiden von Applikationsteilen und andere schwierige Schneiderarbeiten.

Pinzette Sie ist nützlich, um Fäden zu entfernen, die sich um die Spulenkapsel gewickelt oder im Transporteur verfangen haben.

Pinsel Dieser ist meistens im Lieferumfang der Maschine enthalten, um Fuseln, die sich an der Spulenkapsel und im Transporteur bilden, zu entfernen.

Nähmaschinenöl Einige neuere Maschinen sind selbstschmierend. Für andere ist Öl erforderlich. Verwenden Sie Öl nur sparsam und nur spezielles Nähmaschinenöl.

Spulenkapsel Es ist sehr nützlich, eine zusätzliche Spulenkapsel vorrätig zu haben. Stellen Sie bei einer Spulenkapsel die normale Spannung ein und bei der zweiten eine viel lockerere Spannung für Spezialeffekte.

Spulen Es lohnt sich, mehrere fertig gewickelte Spulen zu haben, damit man sie schnell auswechseln kann.

Klebespray Mit Klebespray, das sehr leicht aufgesprüht wird, kann man Stoffe beim Nähen zusammenhalten und Applikationsformen an der richtigen Stelle befestigen.

Stickrahmen und anderes nützliches Zubehör für das Maschinensticken: Rahmen, Scheren, Pinzette, Fuselpinsel, Nähmaschinenöl, zusätzliche Spulenkapsel, Spulen, Stecknadeln, Stoffmarker und Trennmesser.

Automatisches Nähen

Stepparbeiten auf der Maschine

Einige Traditionalistinnen sind der Meinung, dass Quiltarbeiten auf der Maschine irgendwie Betrug sind. Vielleicht werden sie an ihrer Meinung festhalten, aber fraglos entstanden auf der Nähmaschine einige wirklich herausragende Arbeiten. Wenn man auf der Maschine steppt, entfallen einzelne zeitaufwendige und mühselige Arbeiten, die beim Nähen von Hand anfallen. Für das Steppen auf der Maschine gibt es viele Möglichkeiten. Das Angebot an Maschinensticktechniken kann beispielsweise für Quiltarbeiten kombiniert werden. Wenn Sie sich also mit den grundlegenden Techniken vertraut gemacht haben, können Sie mit anderen experimentieren.

Stoffe
Stoffe aus Naturfasern sind für das Steppen im allgemeinen vorzuziehen. Kunstfasern sind für erfolgreiches Steppen meistens zu elastisch.

Der Oberstoff sollte ein enggewebter, einfarbiger Stoff sein. Er kann aus Baumwolle, Seide, Satin, feinem Leder, Wildleder, feiner Wolle, einer Woll-Baumwoll-Mischung oder manchen Arten von Strickstoffen bestehen.

Die mittlere Lage kann eine Polyester-, Baumwoll- oder Seideneinlage sein.

Der Unterstoff sollte derselbe Stoff wie der Oberstoff sein oder ein gleich schwerer Stoff.

Garne
Für Seidenstoffe verwendet man Seidengarn oder ein Polyestergarn Nr. 50 von guter Qualität. Für Quiltarbeiten auf Baumwolle benutzen Sie ein Baumwollgarn Nr. 50 als Ober- und Unterfaden oder ein transparentes Nylongarn als Oberfaden und ein Polyestergarn als Unterfaden.

Es ist nicht ratsam, beim Steppen Garne für das Maschinensticken zu verwenden, es sei denn, das Stück soll ausschliesslich einen dekorativen Zweck erfüllen. Wenn die Arbeit für den normalen Gebrauch bestimmt ist, sind Nähgarne stärker und haltbarer.

*Für die Arbeit **Bobbi im Regen** habe ich zuerst ein Foto meiner Tochter vergrössert und vereinfacht. Das hübsche Muster entstand, indem ich Papierzuschnitte auf dem Stoff verschob. Die Formen des kleinen Mädchens wurden aus gefärbten Stoffen ausgeschnitten und auf den Hintergrundstoff appliziert. Die gesteppten Linien stellen den Regen dar, sie sind mit verschiedenen Gerad- und Zickzackstichen genäht.*

Nadeln Prüfen Sie, ob der Faden leicht durch das Öhr der Nadel gleitet, ohne zu reissen, und achten Sie darauf, dass die Spitze kein zu grosses Loch in den Stoff sticht (Nadelgrösse 80 (12) oder 90 (14).

Sticharten Sie können einen Vorstich, Zickzackstich oder jeden dekorativen Nutzstich verwenden, vorausgesetzt, der Stoff lässt sich frei unter der Nadel bewegen, ohne dass er sich beim Nähen verzieht oder Falten wirft.

Fuss Verwenden Sie den Presserfuss für normale Näharbeiten.

Spannung Reduzieren Sie die Oberfadenspannung leicht, und stellen Sie die Unterfadenspannung normal ein.

Stichlänge Wenn ein Vorstich verwendet wird, sollte der Stich etwas länger sein. Bei den meisten Maschinen ergibt eine Stichlängeneinstellung von 3 (das entspricht etwa 3 mm) einen ausreichend langen Stich, so dass die zusätzliche Dicke durch die Füllwatte aufgefangen werden kann. Bei dickeren Fülleinlagen muss mit längerem Stich genäht werden. Bei mehreren Stofflagen kann es schwierig sein, im Satinstich zu arbeiten, aber eine Papierunterlage kann hier Abhilfe schaffen.

Vorbereitung

Heften Sie die obere, mittlere und untere Lage zusammen, wobei Sie ein Gitter oder eine Kreuzform arbeiten. Arbeiten Sie sich immer von der Mitte zu den Kanten vor. Beim Heften sollte man sehr sorgfältig vorgehen. Der gewählte Entwurf kann vor oder nach dem Heften übertragen werden.

Das Nähen

Bei grossen Quilts wird das Stück von beiden Enden zur Mitte hin aufgerollt, so dass eine Hälfte des Stücks von der Mitte zur Aussenseite hin bearbeitet werden kann, wobei der Stoff von einer Rolle auf die andere gerollt wird. Wenn die Aussenkante erreicht ist, wird die Arbeit neu aufgerollt. Dann arbeitet man die andere Hälfte. Das Stück kann jeweils in einer Richtung bearbeitet werden. Dabei wird die Rolle, die noch nicht bearbeitet wurde, beim Nähen langsam entrollt. Wenn alle Näharbeiten in einer Richtung fertiggestellt sind, wird die Rolle entrollt und neu aufgerollt, so dass jetzt in anderer Richtung genäht werden kann.

Kleinere Stücke oder Quadrate müssen nicht aufgerollt werden, da die Arbeit während des Nähens gedreht werden kann.

Dieser Quilt von Annwyn Dean ist eine Schattenquiltarbeit, mit Vorstich und Satinstich gearbeitet.

Satinstich

Eine der Sticharten, die auf der Nähmaschine häufig ignoriert wird, scheint der Satinstich zu sein. Er kann für dekorative Zwecke als Kantenabschluss, für Applikations- und Quiltarbeiten eingesetzt werden. Hier sind einige Ideen aufgeführt, wie man mit dem Satinstich erfolgreich arbeiten kann.

Der Satinstich ist eine Abwandlung des Zickzackstichs. Die Stichbreite wird auf dem Stichbreitenwähler eingestellt; der Stichlängenwähler muss auf eine sehr kleine Stichlänge eingestellt werden, so dass die Stiche die Fläche ohne Abstände dazwischen voll bedecken. Einige Maschinen gestatten Breiten- und Längenvariationen beim Nähen. Diese Einrichtung erlaubt es, die Breite der Satinstichlinie zu variieren.

Stoffe Für den Satinstich ist jeder Stoff geeignet, aber wenn man keinen schweren Stoff (beispielsweise einen schweren Baumwollstoff oder Denim) verwendet, wird er sich unter der Spannung der Stiche kräuseln. Man muss daher Massnahmen ergreifen, damit dies bei leichteren Stoffen nicht passiert: Abhängig vom Gewicht des Stoffes werden ein oder zwei Lagen Papiereinlage darunter gelegt, am besten eine Einlage, die sich leicht wegreissen lässt, wenn die Arbeit fertiggestellt ist. Sie können dem Stoff auch mit einer aufbügelbaren Einlage mehr Festigkeit verleihen. Dadurch wird jedoch die Griffigkeit des Stoffes beeinflusst.

Garne Feine, weiche Stickgarne als Ober- und Unterfaden ergeben den schönsten Satinstich. Schwere Garne können schwerfällig wirken und neigen dazu, sich bei der Stichbildung in der Maschine zu verwickeln.

Nadel Die Nadelgrösse hängt von dem Gewicht des Stoffes ab und von dem verwendeten Garn. Beginnen Sie mit einer Nadel der Grösse 80 (12), und experimentieren Sie: Der Faden sollte nicht reissen, und der Stoff darf die Nadel nicht nach vorne und hinten biegen. Wenn derartige Probleme auftauchen, sollten Sie eine grössere Nadel wählen. Eine Nadel mit einem verlängerten Öhr kann verwendet werden, um vorzubeugen, dass der Faden ständig reisst.

Fuss Verwenden Sie den Zickzack-(Satinstich-)Fuss.

Spannung Vermindern Sie die Oberfadenspannung, so dass nur der Oberfaden auf dem Stoff sichtbar wird.

Dieses Bild soll die Wirkung einer lockeren Unterfadenspannung verdeutlichen. Es wurde Silbergarn verwendet, die Unterfadenspannung wurde gelockert. Der Oberfaden – blaues und pinkfarbenes Garn – bringt den Silberfaden nach oben, so dass eine abwechslungsreiche Wirkung entsteht. Dieselbe Wirkung wird erreicht, wenn die Oberfadenspannung vergrössert wird.

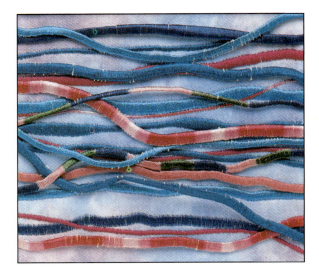

Der Satinstich kann auf Schreibmaschinen- oder Pauspapier gearbeitet werden. Das Papier wird von beiden Seiten des sehr engen Satinstichs weggerissen. Wenn der Satinstich nicht eng genug ist, nähen Sie ein zweites Mal darüber.

Satinstichreihen wurden hier so gearbeitet, dass man den Stoff beim Sticken schnell bogenförmig von links nach rechts drehte und sich der Stich verzerrte.

Stichbreite Je nach Wunsch.

Stichlänge Diese ist so klein einzustellen, dass die Stiche ohne Abstände nebeneinander liegen. Wenn die Stiche aufeinanderliegen und der Stoff nicht richtig transportiert wird, sollte die Stichlänge ein wenig grösser gewählt werden.

Satinstichvariationen

Die oben aufgeführten Anleitungen für den Satinstich sind für traditionelle Applikationsarbeiten gedacht, aber wenn Sie mit den Ober- und Unterfadenspannungen experimentieren, mit Garnen und Stoffen unterschiedlichen Gewichts und mit Stichbreiten und -längen, werden Sie ganz eigene Satinstichvariationen entdecken. Obwohl die Maschine eine gerade Satinstichlinie produziert, muss der Stoff dieser geraden Linie nicht folgen, da Sie ihn drehen und verschieben können, während der Satinstich gebildet wird.

Satinstichkanten für Formen

Der Satinstich kann als Abschluss an Stoffkanten verwendet werden. So wird verhindert, dass der Stoff ausfranst, gleichzeitig erhält er eine dekorative Kante. Die Maschine wird mit bestimmten Ausnahmen, die unten aufgeführt sind, wie für den Satinstich eingestellt.

Stoffe Man kann fast jeden Stoff verwenden, aber für die Anfängerin sind Stoffe, die einigermassen fest sind, am besten geeignet. Wenn der Stoff sehr leicht ist, ist es ratsam, ihn doppelt zu nehmen und eine federleichte, nichtgewebte Einlage zu verwenden oder einen Musselin, der sich auflöst.

Nadel Beginnen Sie mit der kleinsten Nadel, durch die der Faden läuft, ohne zu reissen: Versuchen Sie es mit einer Nadel 70 (10). Bei der Ver-

Kanten im Satinstich

1 Mit einem Stift wird der Umriss auf den Stoff übertragen. Befestigen Sie zwei Lagen Papiereinlage an der Rückseite des Stoffes. Man kann sie entweder leicht mit einem Klebespray einsprühen oder von Hand anheften. Nähen Sie im Vorstich (Stichlänge etwa 1,5 mm) entlang der Umrisslinie.

2 Wenn erwünscht ist, dass sich eine Form biegen lässt, kann man an der Innenseite der Vorstichlinie einen Draht einlegen. Gehen Sie mit einem schmalen Zickzackstich über den Draht, und schneiden Sie dann den überschüssigen Stoff knappkantig an der Stichlinie ab. Die Papiereinlage wird nicht abgeschnitten.

3 Nähen Sie im engen Satinstich an der Innenkante der Form entlang. Achten Sie darauf, dass der Satinstich Vor- und Zickzackstich bedeckt. Wenn Ihre Maschine keinen engen Satinstich produziert, erhöhen Sie die Stichlänge leicht, und nähen Sie ein zweites Mal um die Form herum.

wendung grösserer Nadeln kann der Stoff entlang der Stichlinie perforiert und dadurch geschwächt werden.

Spannung Es ist wünschenswert, dass die Stiche sich an einer Seite der Stichreihe auf der Unterseite ineinanderschlingen. Um dies zu erreichen, muss die Spannung so eingestellt werden, dass der Oberfaden auf die Unterseite gezogen wird und auf diese Weise beide Seiten des Stoffes bedeckt. Verringern Sie die Spannung langsam, bis Sie den ineinandergeschlungenen Stich auf der Unterseite entlang einer Stichkante sehen können. Wenn sich diese Wirkung nicht durch die Verringerung der Oberfadenspannung allein erreichen lässt, muss die Unterfadenspannung erhöht werden. Bei manchen Maschinen verschlingt sich der Satinstich in der Mitte der Stichreihe auf der Rückseite und nicht an einer Kante. In diesem Fall verwenden Sie für den Ober- und Unterfaden Garn in derselben Farbe.

4 Reissen Sie das Papier vorsichtig von der Rückseite ab. Auf diese Weise bleibt die dreidimensionale Form erhalten. Der Erfolg dieser Technik liegt in der Dichte des Satinstichs, der die Fasern der Einlage verbirgt.

Gehöhter Satinstich – Schlingen und Fransen

Bei dieser Technik wird der Heftstichfuss (Fransenfuss) verwendet. Dieser Fuss wurde ursprünglich entwickelt, um das Heften zu erleichtern. Beim Sticken kann man diesen Fuss viel kreativer einsetzen, indem man mit ihm einen Satinstich näht, so dass Schlingen und Fransen entstehen. Experimente mit verschiedenen Spannungen und Garnen führen zu sehr individuellen Effekten und Strukturen, die mit anderen Techniken kombiniert werden können. Zuerst stellen Sie die Maschine wie für den Satinstich ein.

Stoffe   Verwenden Sie einen schweren Stoff oder einen leichteren mit Unterlage.

Garne   Es können alle Arten von Maschinenstickgarn verwendet werden. Steife Garne oder Metallic-Garne produzieren eine Schlinge oder Franse, die aufrecht steht. Als Unterfaden dient Baumwollstickgarn.

Fuss   Verwenden Sie einen Heftstichfuss.

Stichbreite   Ein schmaler Satinstich ergibt eine volle Franse oder Schlinge; ein breiterer Satinstich ergibt eine Franse oder Schlinge mit breiterem Abstand; experimentieren Sie mit den Stichbreiten.

Stichlänge   Die Stichlänge sollte im allgemeinen sehr klein sein. Wenn die Stiche übereinanderliegen und der Stoff sich nur noch schwer hin und her bewegen lässt, müssen Sie den Stich länger einstellen.

Vorbereitung   Ein Rahmen muss nicht unbedingt verwendet werden, aber wenn der Stoff in den Stickrahmen gespannt ist, lässt sich die Arbeit beim Nähen von Kurven und Mustern leichter handhaben. Es ist nicht nötig, einen Rahmen zu benutzen, wenn man nur gerade Linien näht.

Das Nähen   Nähen Sie irgend ein beliebiges Muster im Satinstich mit dem Heftstichfuss. Da diese Stiche sich leicht aus dem Stoff lösen, müssen sie gesichert werden. Dazu werden die fertigen Schlingen zu einer Seite gedrückt. Dann näht man mit einem sehr schmalen Satinstich über die Linie, an der die Stiche im Stoff verankert sind. Man kann zur Sicherung der Stiche auch eine Einlage auf die Rückseite des Stoffes bügeln. Um Fransen herzustellen, werden die Schlingen vorsichtig aufgeschnitten. Wenn man die Schlingen so lässt, wie sie sind, entsteht ein weicher Struktureffekt.

Hier wurde der Satinstich mit einem Heftstichfuss gearbeitet, und der Stoff wurde unter der Nadel nach links und rechts bewegt, so dass fliessende Kurven entstanden.

Fransen im Satinstich

Dies ist eine Möglichkeit, mit der Nähmaschine einen dekorativen Fransenrand herzustellen. Die Fransen sind fast doppelt so lang wie die Breite des Satinstichs. Bei dieser Technik bietet sich die Möglichkeit, Strukturen zu schaffen, indem man direkt auf dem Stoff näht. Eine Alternative wäre, die Fransen auf einer nichtgewebten Einlage oder einem Musselin, der sich auflöst, zu arbeiten, so dass ein Fransenstreifen entsteht, der sich auf jede Stickarbeit aufnähen lässt. Verwenden Sie diesen Stich für Bilder und in Kombination mit anderen Techniken. Nicht bei allen Maschinen verschlingen sich die Fäden an der inneren Kante auf der Rückseite, während der Oberfaden beide Seiten bedeckt. Wenn es Schwierigkeiten bereitet, diesen Stich auf Ihrer Maschine zu arbeiten, verwenden Sie den Fransenstich, der auf Seite 40 beschrieben wurde.

Bereiten Sie Ihre Maschine wie für Satinstichkanten für Formen vor. Es ist jedoch unerlässlich, dass der Satinstich sich auf der Unterseite des Stoffes an der Innenkante des Stichs verschlingt und beide Seiten des Stoffes bedeckt.

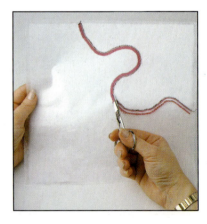

1 Übertragen Sie den Entwurf auf den Stoff, und nähen Sie entlang der Entwurfslinie im Satinstich. Um dichte Fransen herzustellen, wird die Maschine auf sehr enge Stiche eingestellt. Die Breite des Stichs entscheidet über die Länge der Fransen.

2 Drehen Sie den Stoff um, und suchen Sie die Linie, an der die Stiche sich verschlingen. Nähen Sie eine sehr schmale Satinstichnaht darüber, und sichern Sie die Fransen auf diese Weise.

3 Mit einer sehr feinen Schere schneiden Sie den zuerst ausgeführten breiten Satinstich so nah wie möglich am schmalen Satinstich durch. Schneiden Sie nicht den schmalen Satinstich auf, der die Stichverschlingungen bedeckt.

Viele Reihen mit Satinstichfransen wurden nebeneinander aufgenäht, so dass dieser strukturierte Fransenbereich entstand.

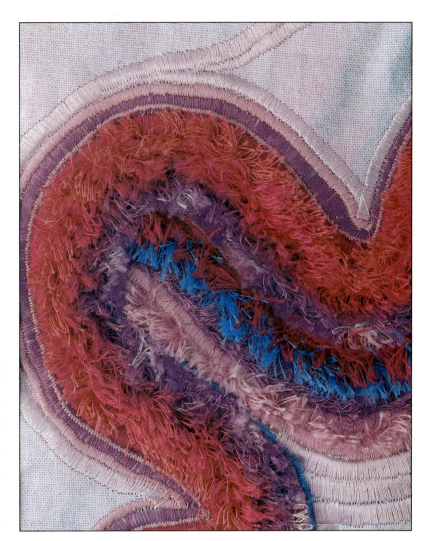

4 Drehen Sie den Stoff nach vorne um. Mit einer Nadelspitze ziehen Sie die durchschnittenen Enden des Satinstichs vorsichtig nach vorne durch. Sie haben jetzt eine Fransenreihe, die fast zweimal so lang ist wie die Breite der breiten Satinstichnaht.

Satinstichkordeln

Diese Kordeln werden hergestellt, indem man im Satinstich über eine Kordel oder Schnur näht. Dafür wird die Maschine für den Satinstich eingestellt. Beim Nähen wird kein Stoff unter die Kordel gelegt.

Kordel Verwenden Sie alle Arten von Schnur, Vorhangkordel, schwere Wolle, Garn, Baumwollhäkelgarn oder Draht.

Garne Man verwendet dasselbe Maschinenstickgarn für den Ober- und Unterfaden. Einige glänzende Garne, beispielsweise Rayongarne, widersetzen sich dieser Technik und sind daher nicht geeignet.

Fuss Man verwendet entweder einen normalen Nähfuss oder einen Zickzackfuss. Ein Kordel- oder Gimpefuss ist eine Hilfe beim Führen der Kordel, aber nicht unbedingt notwendig.

Spannung Stellen Sie die Oberfadenspannung lockerer als normal ein. Die Unterfadenspannung sollte leicht erhöht werden. Ober- und Unterfaden sollten sich auf der Unterseite der Kordel verschlingen, damit sich der Oberfaden vollständig um die Kordel wickeln kann. Passen Sie die Spannung so an, dass sich der Faden eng um die Kordel schlingt.

Stichlänge Ist die Stichlänge zu klein, können die Stiche sich auf der Kordel übereinanderhäufen. Wenn dies passiert, vergrössern Sie die Stichlängeneinstellung. Versuchen Sie, die Stiche so nah beieinander wie möglich zu halten, ohne dass sie aufeinander liegen.

Stichbreite Der Stich muss breiter als der Kordeldurchmesser sein und die Kordel bedecken, ohne durch sie hindurchzunähen.

1 Legen Sie die Kordel oder die Schnur unter den Presserfuss. Lassen Sie ein langes Kordelstück herabhängen, so dass eine Hand die Kordel leicht ziehen kann und den Transporteur beim Nähen unterstützt. Es ist mehr als ein Durchgang erforderlich, damit die Kordel ganz bedeckt wird.

2 Interessante Effekte entstehen, wenn man über weiche Stickgarne oder Wolle näht. Fast jeder Nutzstich lässt sich verwenden, um interessante Muster zu erzeugen. Die einzelnen Fäden können auch zusammengenommen werden, so dass stark strukturierte Kordeln entstehen.

Crazy Patchwork

Mit dieser Patchwork-Technik lassen sich strapazierfähige Quilts oder Kleidungsstücke herstellen. Wenn Sie mit Zierstichen arbeiten, müssen Sie die Kanten der einzelnen Stoffstücke nicht umfalten, bevor Sie sie miteinander verbinden, da der Stich die unbearbeiteten Kanten versteckt und versäubert. Zierstiche können auch beim Steppen verwendet werden.

Stoffe Als Oberstoff ist jeder mittelschwere Baumwoll- oder Seidenstoff geeignet. Der Unterstoff kann ein mittelschwerer Baumwollstoff sein oder auch ein Deckenstoff. Zwischen beide Lagen kann man eine Füllschicht geben.

Garne Man kann fast jedes Garn verwenden. Wählen Sie einige Rollen aus, deren Töne der Farbe des Ober- und Unterstoffes entsprechen.

Nadel Wählen Sie eine Nadel in der Grösse, die Stoff und Garn entspricht.

1 Schneiden Sie den Hintergrundstoff quadratisch zu und ein paar interessante Formen für den Oberstoff. Heften Sie die Formen auf den Oberstoff, oder kleben Sie sie leicht mit einem Klebespray fest.

2 Wählen Sie einen Zierstich, und beginnen Sie zu nähen. Achten Sie darauf, dass alle Schnittkanten der Stoffstücke gefasst werden. Variieren Sie Stichlänge und -breite während des Nähens, und verwenden Sie auch andersfarbiges Garn.

3 Nähen Sie weitere Stoffstücke wie beschrieben auf. Es macht nichts, wenn Formen oder Stiche sich überlappen: Richten Sie sich nach Ihrem kreativen Instinkt, und lassen Sie ihn die Richtung des wachsenden Entwurfs bestimmen.

4 Um sicherzugehen, dass alle Quadrate ein zusammenhängendes Ganzes ergeben, versuchen Sie die einzelnen Teile ähnlich und in einem abgetönten Farbgleichgewicht zu arbeiten: Kopien mit Kohlepapier sind nicht nötig. Wenn Sie möchten, können Sie die fertigen Quadrate dann zu einem grösseren Stück zusammenfügen.

Fuss Verwenden Sie den normalen Presserfuss, den Satinstichfuss oder den Applikationsfuss, bei dem ein Ende länger als das andere ist.

Spannung Stellen Sie die Oberfadenspannung so ein, dass der Unterfaden nicht auf der Stoffoberseite sichtbar wird. Ist dies der Fall, wird die Oberfadenspannung etwas reduziert. Die Unterfadenspannung sollte für normales Nähen eingestellt sein.

Stichbreite Vielleicht möchten Sie die Stichbreite während des Nähens variieren, so dass die Arbeit eine weitere kreative Dimension erhält.

Stichlänge Verändern Sie die Stichlänge, so wie es Ihren künstlerischen Vorstellungen entspricht.

Zierstiche

Die meisten Maschinenstickerinnen lehnen die festgelegten oder programmierten Zierstiche für kreative Stickarbeiten als zu traditionell ab. Aber auch wenn der Stich programmiert ist, kann Kreativität durch die Art und Weise, wie er eingesetzt wird, ausgedrückt werden. Programmierte Stiche, die bei ungewöhnlichen Garn- und Stoffkombinationen verwendet werden, können die Grundlage für interessante Arbeiten sein, wenn man bedenkt, dass viele Nähmaschinen bis zu 10 Stichlängen und etwa 20 Stichbreiten haben. Diese Elemente gestatten eine grosse Bandbreite für Experimente und individuelle Kreativität.

Um Zierstiche frei zu verwenden, wird der Stoff in den Stickrahmen gespannt und mit dem normalen Presserfuss an der Maschine hin- und herbewegt. Da der Transporteur oben ist, ist es nicht ratsam, den Rahmen beim Nähen nach hinten und vorne zu bewegen. Drehen Sie den Stoff um die Nadel herum, ohne wie beim freien Nähen zu schieben oder zu ziehen, und experimentieren Sie mit einer Vielzahl von Stichen in unterschiedlicher Länge und Breite. Man kann automatische Zierstiche ◁ oder den Satinstich ▷ verwenden.

Aufgestickte Stoffstreifen

Ein ganz neuer Stoff lässt sich herstellen, wenn man gerissene oder zugeschnittene Stoffstreifen mit Stickstichen aufnäht. Mit dieser Technik lassen sich Kleidungsstücke verschönern, sie lässt sich aber auch in den Entwurf für ein Bild oder einen Quilt einarbeiten. Es ist eine ausgezeichnete Möglichkeit, Abfälle oder Stoffreste zu verarbeiten. Man kann die Stoffstreifen vorher neu färben oder bleichen, um Farbe und Charakter zu verändern.

Stoffe Der Unterstoff sollte mittelschwer oder schwer sein oder mit einer Unterlage verstärkt werden, damit die aufgenähten Streifen und die schwere Maschinenstickerei genug Halt haben. Man kann Stoffe aller Art, die in Streifen von 3 bis 6 mm Breite gerissen oder geschnitten sind, aufnähen. Die Farbe der Streifen sollte zu dem Farbschema des Hintergrundstoffes passen.

1 Zeichnen Sie einige parallel verlaufende Linien auf das Untergrundmaterial auf. Legen Sie jeweils einen Streifen auf den Unterstoff. Wechseln Sie verschieden breite Streifen mit Zierstichreihen von unterschiedlicher Länge und Breite ab. Um die einzelnen Streifen zu befestigen, werden sie mit mehreren Stichreihen aufgenäht.

2 Nähen Sie in parallelen Reihen, und nähen Sie zwischendurch ein oder zwei Fäden, die zu dem allgemeinen Farbschema passen, mit Überfangstichen auf. Nähen Sie einige Reihen im Satinstich in zufälliger Anordnung unabhängig von den anderen Stichen auf. Lassen Sie das Hintergrundmaterial an einigen Stellen durch die Streifen und Stiche hindurchscheinen.

Stoffstreifen wurden hier mit vielen Stichmustervariationen auf den Unterstoff genäht. (Stickerei von Gail Harker, Kissen von Chris Bentley.)

Garne Wählen Sie auch hier Farben, die zum Gesamtschema passen. Mit farblich abweichenden Garnen kann man sehr interessante Effekte erzielen.

Nadel Wählen Sie eine Nadel, deren Grösse zum Garn und zur Stoffart passt.

Stiche Wählen Sie einen automatischen Zierstich, beispielsweise den Zickzackstich oder einen etwas komplexeren Stich.

Fuss Wählen Sie entweder den normalen Nähfuss, den Satinstichfuss oder den Fuss, bei dem ein Ende länger ist.

Stichbreite Variieren Sie die Stichbreite bei den nachfolgenden Streifen.

Stichlänge Bei manchen Maschinen lässt sich das Stichmuster verlängern. Wenn dies bei Ihrer Maschine möglich ist, variieren Sie die Länge der Ziermuster bei nachfolgenden Streifen.

Spiegelbilder Bei einigen Maschinen lässt sich der Zierstich auch spiegelbildlich nähen. Wenn dies der Fall ist, können Sie diese Technik ebenfalls anwenden.

Fadenlegen und Überfangen

Bei dieser Technik wird ein schwerer Faden mit einem normalen Nähgarn aufgenäht. Beim Nähen befindet sich die Stoffunterseite oben, so dass die Stoffoberseite auf dem Transporteur liegt. Bei schweren oder dicken Stoffen ist es oft schwer, Umrisse gut sichtbar zu machen, da viele Stiche einfach im Stoff verschwinden. Diese Technik löst nicht nur dieses Problem, sondern ist zudem leicht zu handhaben, da der normale Vorstich benutzt wird. Dieser Stich wird üblicherweise als Konturstich auf Samt, Wolle, Baumwolle, Bezugsstoffen oder anderen schweren Stoffen verwendet. Er ähnelt dem Aufnähen von Hand und kann auch als Steppstich eingesetzt werden. Da der Stich verkehrtherum ausgeführt wird, kann der Entwurf direkt auf die Rückseite des Stoffes gezeichnet werden.

Stoffe Versuchen Sie es mit schwerer Baumwolle, Wolle, Seide, Samt oder vielleicht auch mit einem Bezugsstoff.

Garne Als Unterfaden verwenden Sie ein Perlgarn, ein sechsfädiges Stickgarn oder feine Strick- oder Häkelwolle. Als Oberfaden wird Nähgarn Nr. 50 eingelegt. Wenn Sie es wünschen, dass der Überfangfaden nicht sichtbar ist, verwenden Sie unsichtbares Garn (Nylon).

Nadel Beginnen Sie mit einer Nadel Nr. 90 (14), und wechseln Sie sie aus, falls nötig.

Stich Verwenden Sie den Vorstich.

Fuss Benutzen Sie den normalen Nähfuss.

Spannung Die Oberfadenspannung muss wahrscheinlich nicht verändert werden, um einen sauberen, festen Stich zu produzieren. Bei den meisten schweren Garnen muss die Unterfadenspannung normalerweise gelockert werden, so dass der dickere Unterfaden sich mit derselben Spannung wie das normale Nähgarn von der Spule wickelt.

Stichlänge Die normale Stichlänge gibt in der Regel befriedigende Ergebnisse, aber Sie sollten experimentieren, um unterschiedliche Wirkungen zu erzielen.

Das Nähen Bevor Sie mit dem Nähen beginnen, bringen Sie den Unterfaden nach oben. Überprüfen Sie zu Anfang die Spannung, um sicherzustellen, dass ein richtiger Stich entsteht. Der Unterfaden sollte durch einen festen Überfangstich gut gesichert auf dem Stoff liegen.

Fadenlegen und Überfangen beim Steppen

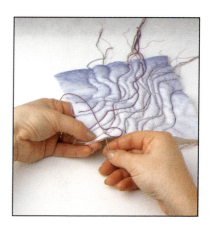

1 Die drei Schichten – Oberstoff, Füllmaterial und Musselinuntergrund – werden von Hand sicher zusammengeheftet. Übertragen Sie den Entwurf auf die Rückseite des Stoffes.

2 Legen Sie den Stoff mit der Oberseite nach unten auf die Maschine. Bringen Sie den Unterfaden nach oben, und nähen Sie im Vorstich.

3 Sichern Sie den Faden bei dieser Technik nicht mit einem Rückstich, wenn Sie anfangen zu nähen. Lassen Sie den Unterfaden lang herabhängen. Bringen Sie die langen Enden mit einer Nadel auf die Rückseite des Stoffes, und verknoten Sie sie, um das Stück fertigzustellen.

Angeregt durch die Reflexion von Licht auf Schnee, wurde dieser Baumwollsamt zuerst mit der Sprühpistole mit Stoffarbe gefärbt und dann besteppt.

Freies Maschinensticken

Das freie Maschinensticken öffnet die Tür zu einer ganz neuen Welt des künstlerischen Ausdrucks. Versuchen Sie, sich die Nadel als Stift oder Pinsel vorzustellen: Das Verschieben des Stoffes im Stickrahmen unter der Nadel ist wie das Zeichnen auf einem Blatt Papier oder das Malen auf Leinwand. Mit dem freien Vorstich, dem Zickzackstich und einigen automatischen Stichen entstehen breite, schmale oder wechselnde Linien und Strukturen aus einer ungeheuer grossen Palette farbiger Garne. Die Bewegung des Stickrahmens unterliegt ganz der Kontrolle der Künstlerin.

Überprüfen Sie, ob die Maschine richtig näht – das heisst, die Stiche werden richtig gebildet, und es werden keine Stiche übersprungen. Die Ober- und Unterfadenspannung muss für normales Nähen eingestellt sein. Ist dies nicht der Fall, wird die Maschine wie für den perfekten Geradstich eingestellt (siehe Seite 16). Es ist für die unerfahrene Stickerin meistens leichter, auf einer Maschine zu beginnen, die auf Automatik läuft. Wenn man jedoch Erfahrung gewinnt und ein Gefühl für die Einstellungen bekommt, wird die Maschine einfach sofort auf den freien Vorstich (siehe unten) eingestellt, so dass diese Vorstufe umgangen werden kann.

Wenn Sie an Erfahrung gewinnen, müssen Sie den Stickrahmen nicht mehr verwenden. Geben Sie dem Stoff mit einem Mittel für Springrollos mehr Festigkeit. Man kann es als Spray oder Flüssigkeit, die mit Wasser verdünnt werden muss, kaufen. Eine Alternative ist, einige Stofflagen zusammenzuheften. Legen Sie Ihre Hände zu beiden Seiten der Nadel auf, um dem Stoff Halt zu geben. Auf diese Weise können Sie ihn in jede Richtung bewegen.

Es ist wichtig, dass die Maschine zu Anfang auf Automatik eingestellt wird. Danach erfordert der Übergang zum freien Maschinensticken nur ein paar kleine Einstellungsänderungen. Bei beiden Wirkungsweisen muss die Presserstange während des Nähens nach unten gestellt werden. Stellen Sie die Spannungen nach jeder Arbeitsweise wieder normal ein.

*Die Arbeit **Persischer Blumentopf** von Margaret Hall zeigt eine Stickarbeit mit prächtiger, geheimnisvoller, orientalischer Atmosphäre und ikonenhafter Qualität.*

Die Einstellung für den freien Vorstich

Der freie Vorstich (auch Geradstich) ist die Grundlage für die meisten Arbeiten im freien Maschinensticken. Die effektivste Methode ist, eine relativ hohe Maschinengeschwindigkeit beizubehalten. Wenn die Geschwindigkeit zu niedrig ist, kann die Nadel brechen, den Stoff zerren, Stiche überspringen oder die Stiche zu nah beieinander nähen.

Es ist besser, den Rahmen so zu bewegen, dass sich nicht zuviel Garn auf dem Stoff häuft. Üben Sie Linien, Kreise oder Kurven. Bewegen Sie den Rahmen rhythmisch, und vermeiden Sie ruckartige und schnelle Bewegungen.

Stoffe Verwenden Sie einen mittelschweren Baumwollstoff. Leichtere Stoffe sollten eine Stoffunterlage oder eine Einlage haben.

Garne Als Oberfaden können Sie jedes Maschinenstickgarn verwenden. Als Unterfaden nehmen Sie Stickbaumwolle oder Nähgarn Nr. 50. Verwenden Sie kein Nähgarn Nr. 40 für das Maschinensticken.

Nadel Verwenden Sie eine Nadel Grösse 90 (14) – sie bricht nicht so leicht und ist zum Üben gut geeignet.

Fuss Experimentieren Sie ohne Nähfuss. Bringen Sie die Presserstange nach unten, und entfernen Sie den Fuss ganz. Wenn es Ihnen Schwierigkeiten bereitet, ohne Fuss zu nähen, benutzen Sie den Stopffuss.

Stichlänge Stellen Sie die Stichlänge auf «0» ein, so dass der Transporteur sich nicht bewegt, denn die Stichlängeneinstellung regelt die Vor- und Rückbewegung des Transporteurs. Obwohl der Transporteur versenkt ist, kann jede Bewegung das Garn oder den Stoff dennoch zum Reissen bringen. Wenn Sie Ihre Maschine nicht auf «0» einstellen können, wählen Sie die kleinstmögliche Zahl.

Stichbreite Stellen Sie die Stichbreite auf «0» ein.

Spannung Stellen Sie die Ober- und Unterfadenspannung wie für den perfekten Stich ein. Wenn der perfekte Stich sich auf Ihrer Maschine nicht erreichen lässt, ist es besser, wenn etwas von dem Oberfaden auf der Stoffunterseite sichtbar wird als umgekehrt.

Vorbereitung Versenken Sie den Transporteur, oder decken Sie ihn ab. Achten Sie darauf, dass das Material im Stickrahmen gut gespannt ist.

1 Stellen Sie die Presserstange nach unten, so als ob Sie den Nähfuss herabsenken. Bringen Sie beide Fäden nach oben.

2 Bewegen Sie den Rahmen in alle Richtungen. Wenn Sie die Bewegung des Rahmens und die Nähgeschwindigkeit mit dem Fusspedal koordinieren, können Sie die Grösse, Länge und Richtung des Stichs kontrollieren.

Strukturstiche, die auf dem freien Vorstich basieren

Aus dem freien Vorstich lassen sich viele Muster entwickeln, die sich vielfältig weiterführen lassen. Man kann einen Entwurf mit ihnen ausfüllen, Stoff- und Garncollagen sichern, Applikationen mit ihnen aufnähen und Stepparbeiten durchführen. Die Designmöglichkeiten sind endlos. Wenn Sie mit einigen der hier aufgeführten Stichmuster geübt haben, können Sie selbst Ideen mit dem Stift zu Papier bringen.

Früher verwendete man im Maschinenstich den Saatstich (linker Teil der Abbildung), bei dem sich die Kreise überlappen.
Der Vermicelli- oder Crazy-Stich (rechte Seite) ist ein weiteres beliebtes Muster, mit dem sich grosse Stoffbereiche bedecken lassen. Das Muster wird in einer Reihe von Halbkreisen gearbeitet.

Mit der Nadel zeichnen

Mit der Nadel zu zeichnen ist ähnlich wie mit dem Stift auf Papier zu zeichnen oder mit dem Pinsel auf Leinwand zu malen. Sie können frei mit dem Auge zeichnen oder Entwürfen folgen, die vorher auf den Stoff übertragen wurden. Der freie Vorstich kann für die Umrisse verwendet werden und als Füllstich. Obwohl man die Farben nicht genau wie in einem Gemälde schattieren kann, können Sie subtile Wirkungen erreichen, indem Sie schattierte Garne verwenden oder über denselben Bereich mit verschiedenen Farben arbeiten, so dass sie sich überlappen und vermischen.

Wenn Sie die Fähigkeit, mit der Nadel zu zeichnen, erlangt haben, können Sie Stiche und Techniken mischen. Versuchen Sie beispielsweise, den Hintergrundstoff selbst herzustellen, oder den Hintergrund zu färben oder zu steppen. Vielleicht möchten Sie auch das Maschinensticken mit dem Handsticken kombinieren.

 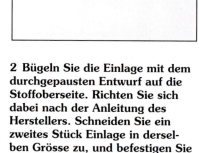 

1 Schneiden Sie den Stoff, der bestickt werden soll, auf die entsprechende Grösse des Entwurfs zu, wobei ein Rand für den Stickrahmen zugegeben wird. Legen Sie ein Stück leichte, aufbügelbare Einlage mit der geweboverbindenden Seite auf den Entwurf. Übertragen Sie den Entwurf auf die Einlage.

2 Bügeln Sie die Einlage mit dem durchgepausten Entwurf auf die Stoffoberseite. Richten Sie sich dabei nach der Anleitung des Herstellers. Schneiden Sie ein zweites Stück Einlage in derselben Grösse zu, und befestigen Sie sie auf der Stoffrückseite.

3 Spannen Sie den Stoff gut in den Stickrahmen, und stellen Sie Ihre Maschine auf den freien Vorstich ein. Arbeiten Sie einige gerade Linien, die sich überlappen, aufeinandertreffen und so weiter. Bearbeiten Sie immer nur einen kleinen Bereich, und füllen Sie die Hintergrundflächen entsprechend dem Entwurf aus.

4 Der Stoff wird durch das Garn sehr schwer. Wenn Sie beim Nähen ohne Nähfuss je Schwierigkeiten haben, wird dies wahrscheinlich bei dieser Technik der Fall sein. In diesem Fall verwenden Sie den Stopffuss. Ein Stopffuss aus durchsichtigem Kunststoff ist besonders hilfreich, da Sie dann verfolgen können, wie die Stiche auf dem Entwurf entstehen.

Es ist ratsam, einen festen, schweren Baumwollstoff oder Bezugsstoff zu verwenden, der sich leicht besticken lässt. Wenn der gewählte Stoff leicht ist, kann es nötig sein, ihn mit einem weiteren Stoff, einer Einlage oder einer schweren, aufbügelbaren Einlage zu festigen. Achten Sie darauf, dass der Rand um das zu bearbeitende Stück gross genug ist, damit es in den Stickrahmen gespannt werden kann.

Bereiten Sie die Maschine wie für den freien Vorstich vor. Verwenden Sie den kleinstmöglichen Stickrahmen und die kleinste Nadelgrösse für Stoff und Garn.

Freier Zickzackstich

Spannen Sie den Stoff in den Stickrahmen, und stellen Sie die Maschine für den freien Vorstich ein. Die einzige Ausnahme bildet die Stichbreite, die so eingestellt werden kann, wie es dem Zweck entspricht. Wenn der Stoff mit dem Oberfaden vollständig bedeckt werden soll, muss die Oberfadenspannung möglicherweise ein wenig reduziert werden. Es ist ratsam, einen schweren Stoff zu verwenden oder einen Stoff mit Einlage. Der Rahmen kann bei der Arbeit in alle Richtungen bewegt werden. Wenn Sie den Rahmen langsam bewegen und das Fusspedal ganz durchdrücken, entsteht ein Satinstich. Wenn der Rahmen schneller bewegt und das Pedal weniger durchgedrückt wird, kommt ein offener Zickzackstich zustande.

Der freie Zickzackstich ◁ wurde in einer breiten Stichbreite gearbeitet, wobei der Stickrahmen sehr schnell bewegt wurde. Die Stiche verdichten sich, wenn der Rahmen langsamer bewegt wird. Der goldene Unterfaden wird auf der Stoffoberfläche sichtbar.

Diese Arbeitsprobe ▽◁ wurde im freien Zickzackstich gearbeitet, wobei der Rahmen kreisförmig bewegt wurde.

Perlen im Satinstich ▽ entstehen, wenn Satinstiche dicht beieinander ausgeführt werden.

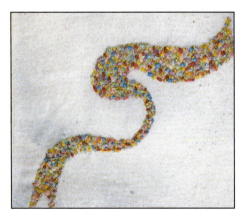

Satinstichperlen

Satinstichperlen können entweder dicht beieinander liegen oder in grösseren Abstand zueinander. Ein Faden, den man so belassen, oder den man abschneiden kann, verläuft zwischen den Perlen. Legen Sie den Stoff im Stickrahmen unter die Nadel, senken Sie dann die Presserstange, und wählen Sie die gewünschte Stichbreite. Beginnen Sie zu nähen, aber halten Sie den Rahmen fest, so dass er sich nicht bewegt. Es entsteht eine Perle aus aufeinandergehäuften Satinstichen. Wenn die Perle die gewünschte Grösse hat, heben Sie die Presserstange. Gehen Sie zur nächsten Stelle, und fahren Sie auf diese Weise fort.

Wenn die Fäden, die die Perlen verbinden, durchtrennt werden sollen, wird der Faden am Anfang und am Ende jeder Perle mit ein paar Stichen der Stichbreite «0» gesichert.

*In **Winterblumen** wurde der freie Zickzackstich auf Stramin von links nach rechts gearbeitet. Die Blütenblätter schnitt man weg, und über die offenen Bereiche arbeitete man im freien Vorstich. Für diese Arbeit wurde kein Rahmen verwendet.*

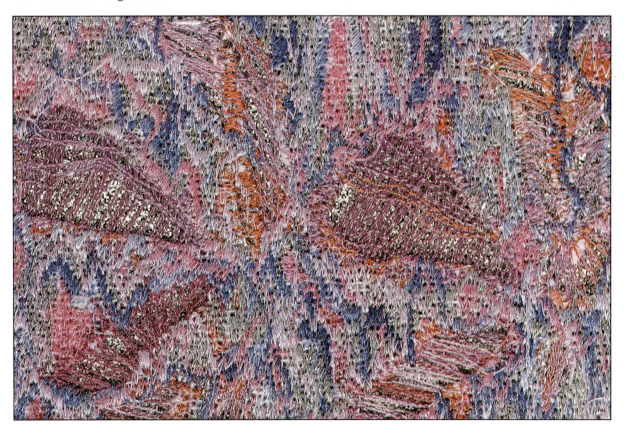

Freies Steppen mit der Maschine

Beim freien Steppen mit der Maschine hat man die Freiheit, wunderschöne, fliessende Linien zu kreieren, die beim automatischen Steppen nicht möglich sind. Sie können wie bei den meisten Stepparbeiten den freien Vorstich wählen, aber vielleicht möchten Sie strukturierte Stiche miteinbeziehen, so dass auf dem Oberstoff ein noch stärkeres Relief entsteht. Verzweifeln Sie nicht, wenn Sie diese Technik erlernen. Es mag einige Praxis erfordern, bevor Sie einen Rhythmus erreichen, der schöne, gleichmässige Stiche auf einem gesteppten Stoff schafft, aber das Ergebnis rechtfertigt Zeit und Mühe.

Stoffe Man verwendet im Prinzip dieselben drei Lagen wie beim automatischen Steppen (siehe Seite 32), aber beim freien Steppen sollten die Stoffe in einen Rahmen gespannt werden. Das Füllmaterial kann daher nicht beliebig dick sein. Es ist jedoch möglich, Stoffe und einigermassen dickes Füllmaterial in den Rahmen zu spannen. Wenn die Stoffschichten dick und fest sind, muss kein Stickrahmen verwendet werden.

Bei dieser Arbeit von Annwyn Dean wurde das freie Maschinensteppen eingesetzt.

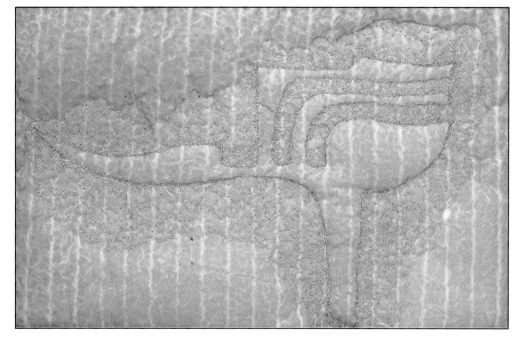

Garne Man kann die meisten Stickgarne verwenden sowie normales Nähgarn. Benutzen Sie ein Garn, das zur oberen Stofflage passt oder einen Kontrast bildet.

Nadel Passen Sie die Nadel dem Stoff und der Garnstärke an.

Stiche Der freie Vorstich und der Zickzackstich können beim Steppen verwendet werden. Experimentieren Sie mit unterschiedlichen Stoffen und Garnen, bis die Kombinationen harmonisch sind.

Vorbereitung Bereiten Sie die Arbeit vor, die besteppt werden soll, indem Sie die Lagen zusammenheften. Beginnen Sie in der Mitte, und arbeiten Sie sich zu den Seiten vor. Dieser Arbeitsschritt ist derselbe wie beim automatischen Steppen.

Eine andere Möglichkeit ist, die Lagen mit ein wenig Klebespray miteinander zu verbinden.

Das Nähen Entfernen Sie den normalen Nähfuss von der Presserstange (wenn Sie beim Nähen Schwierigkeiten haben, befestigen Sie den Stopffuss). Versenken Sie den Transporteur.

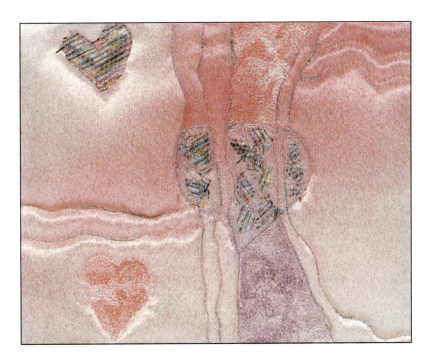

*In **Gebrochene Herzen II** entstanden einige Steppnähte im freien Vorstich. Im freien Saatstich wurden weitere Reliefs gearbeitet, und die applizierten Stoffstücke wurden im freien Vorstich aufgenäht.*

Freies Steppen auf der Maschine mit Trapunto

Bei der Trapunto-Technik werden nur bestimmte Bereiche wattiert. Durch freies Steppen auf der Maschine entstehen Kurven und gewundene Linien, so dass einzelne Bereiche isoliert werden. Diese wattiert man zusätzlich, um einen plastischen Effekt zu erzielen.

Bereiten Sie die Maschine wie für das Steppen vor.

Stoffe Wählen Sie als Oberstoff ein weiches, glänzendes Material, beispielsweise Seide, Baumwollsatin oder Samtstoffe.

Zum Füllen kann jede normale Füllwatte verwendet werden. Eine interessante Wirkung entsteht, wenn ein transparenter Oberstoff verwendet wird, und die gepolsterten Bereiche mit farbigem Garn, Wolle, Stoffresten oder irgend einem anderen Material, das die gewünschten, feinen Farben entstehen lässt, gefüllt wird.

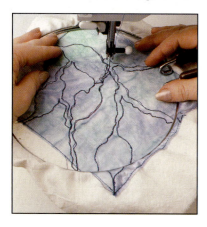 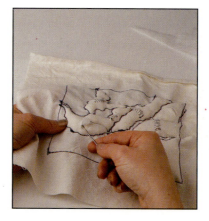 

1 Übertragen Sie den Entwurf auf den Oberstoff, und heften Sie Ober- und Unterstoff zusammen. Spannen Sie die Arbeit in den Stickrahmen, und nähen Sie dann im freien Vorstich entlang den Umrisslinien des Entwurfs. Sind alle Linien ausgeführt, werden die Heftfäden entfernt.

2 Drehen Sie die Arbeit auf die Rückseite. Bei kleinen Formen auf einem locker gewebten Material öffnen Sie den Stoff mit einer Stricknadel. Der Bereich wird dann mit dem gewünschten Füllmaterial ausgestopft. Um grössere Formen zu füllen, schneidet man den Unterstoff in der Mitte des Bereichs auf.

3 Ist das Füllmaterial hineingegeben, kann man im freien Vorstich über den Oberstoff nähen. Dies verleiht dem Stück zusätzlichen Reiz und lässt es plastischer erscheinen.

*Silbernes Leder diente als Grundlage für **Eis im kanadischen Winter**. Ein durchscheinender Stoff wurde dann mit freiem Maschinensticken auf die Unterlage genäht, die Tunnel mit farbigem Garn und Füllmaterial ausgestopft. Einige Bereiche wurden weggeschnitten, und die Oberfläche wurde im freien Vorstich mit weiteren Steppnähten versehen.*

Als Unterstoff verwendet man einen leichten oder mittelschweren Baumwollstoff, beispielsweise Musselin oder leichtes Leinen. Wenn Sie einen sehr feinen, offenen, locker gewebten Stoff verwenden, können Sie die Fäden vorsichtig teilen und das Füllmaterial hineingeben, ohne dass der Stoff eingeschnitten werden muss.

Vielleicht möchten Sie auch selbst einen originellen Oberstoff für die Trapunto-Technik herstellen.

Stich   Verwenden Sie den freien Vorstich.

Schlingenlegen

Das freie Maschinensticken kann gut zum Fadenlegen verwendet werden. Man kann Fäden in Schlingen oder anderen Formen in beliebiger Länge auflegen. Fast jedes Garn ist geeignet, aber auch Kordeln, Schleifenband, Stoffstreifen, Schnur oder Strickwolle. Der Oberfaden sollte nicht sichtbar sein und daher dieselbe Farbe haben wie der aufgenähte Faden. Der Unterfaden kann je nach Wunsch gewählt werden.

Stiche   Freier Vorstich oder freier Zickzackstich.

Fuss   Verwenden Sie den Stopffuss, oder nähen Sie ohne Fuss.

Vorbereitung   Der Stoff sollte bei dieser Technik in einen Stickrahmen gespannt werden. Papier oder eine andere Einlage verleiht dem Stoff mehr Festigkeit, falls nötig.

Ein Beispiel für aufgenähte Kordeln, die zufällig angeordnet und mit Satinstichperlen verschönert wurden.

1 Zeichnen Sie mit dem Stift oder mit einer Pause einen Entwurf auf den Oberstoff. Formen Sie mit dem Faden, der aufgenäht werden soll, eine Schlinge. Mit dem linken Zeigefinger halten Sie die Schlinge auf dem Oberstoff fest und nähen über die Enden, die rechts vom Finger hervorstehen.

2 Arbeiten Sie weitere Schlingen, bis die gewünschte Menge und Dichte erreicht ist. Das Nähen erfolgt nicht kontinuierlich, da für das Formen und Aufnähen jeder einzelnen Schlinge die Maschine angehalten werden muss. Nähen Sie mit kleinen Stichen über die Enden des aufgenähten Fadens.

Bindlöcher

Bindlöcher bilden die traditionelle Grundlage für die Broderie Anglaise, aber beim freien Maschinensticken kann man über diesen konventionellen Gebrauch hinausgehen und schöne Gruppen strukturierter Motive schaffen. Bindlöcher unterschiedlicher Grösse beispielsweise können auf einem Stoff kombiniert werden.

Bindlöcher lassen sich kreativ einsetzen: Sie können sich überlappen und verschieden gross oder unterschiedlich geformt sein. Man kann sowohl kleine Scheiben aus Stoff schneiden und in Zufallsmustern auf den Unterstoff heften oder kleben als auch Löcher durch beide Stofflagen stechen, um gehöhte Bindlöcher zu arbeiten. Sind die Scheiben aus sehr dickem Stoff geschnitten, fasst der Bindlochstift sie nicht.

Wenn die Scheiben im Satinstich aufgenäht werden, entsteht das Bindloch, und gleichzeitig wird die Scheibe, die über den Satinstich hinaus hervorstehen kann, befestigt. Mit Scheiben können Sie interessante Strukturen und Muster arbeiten, und es lohnt sich, mit verschiedenen Stoffen zu experimentieren.

1 Entfernen Sie den Nähfuss, und versenken Sie den Transporteur. Befestigen Sie die Bindlochplatte über dem Transporteur. Spannen Sie den Stoff straff in einem kleinen Rahmen von etwa 8 bis 9 cm Durchmesser, es sei denn ein schwerer Stoff werde verwendet.

2 Stechen Sie mit einem spitzen Gegenstand ein kleines Loch in den Stoff, und bringen Sie das Loch über dem Bindlochstift in Position. Senken Sie die Presserstange, und stellen Sie die Stichbreite ein. Während Sie nähen, drehen Sie den Stoff um den Bindlochstift.

Bindlöcher mit der Bindlochplatte arbeiten

Es gibt mehrere Variationsmöglichkeiten bei dieser Technik, aber am besten beginnt man mit der vergleichsweise konventionellen Methode, die hier erklärt wird. Bereiten Sie die Maschine vor, indem Sie die Bindlochplatte einsetzen und die Arbeit in den Stickrahmen spannen – es sei denn, der Stoff ist sehr fest.

Garne Sie können jedes Stickgarn verwenden.

Stich Verwenden Sie immer den Satinstich.

Spannung Möglicherweise muss die Unterfadenspannung angepasst werden, um sicherzugehen, dass der Unterfaden auf der Oberseite nicht sichtbar wird.

Bindlöcher ohne Platte

Seien Sie nicht verzweifelt, wenn Sie keine Bindlochplatte besitzen. Dieses Zubehör kann sowieso nur Bindlöcher in einer Grösse herstellen. Mit der nachfolgenden Anleitung können Sie Bindlöcher in jeder Grösse herstellen.

Bereiten Sie die Maschine wie beschrieben vor, aber setzen Sie nicht die Bindlochplatte ein. Verwenden Sie einen festen Stoff, der in einen kleinen Stickrahmen gespannt werden muss, und zeichnen Sie ein Bindloch in der gewünschten Grösse und Form auf. Im freien Vorstich nähen Sie zwei- bis dreimal um den Rand der Form herum, um die Kante zu verstärken. Entfernen Sie den Stoff aus dem Rahmen. Mit einer kleinen, scharfen Schere schneiden Sie ein Loch in den umnähten Bereich. Dann spannen Sie den Stoff erneut in den Rahmen. Stellen Sie die Stichbreite auf die gewünschte Grösse ein, und nähen Sie vorsichtig um das Loch herum, während Sie den Stoff um die Lochmitte drehen. Beenden Sie das Nähen an der Aussenkante des Bindlochs, nehmen Sie den Oberfaden nach hinten, und verknoten Sie ihn.

Vielleicht fällt das Nähen leichter, wenn Sie ein Stück Papier unter das Bindloch legen und es wegreissen, wenn Sie fertig sind.

Diese Probe zeigt grosse Bindlöcher, die ohne die Hilfe einer Bindlochplatte hergestellt wurden.

Überwendlicher Stich

Der überwendliche Stich ist ein gehöhter Stich, der nur den Unterfaden auf der Stoffoberfläche sichtbar werden lässt. Als Oberfaden wird ein schweres Garn verwendet, und die Oberfadenspannung wird erhöht. Dadurch wird der Unterfaden auf die Stoffoberseite durchgezogen und wickelt sich um den Oberfaden, so dass ein schöner «Schlingen»-Effekt entsteht. Beim überwendlichen Stich wird der Rahmen sehr langsam bewegt.

Stoffe Verwenden Sie einen festen Stoff, der in einem kleinen Stickrahmen stark gespannt wird.

Garne Als Oberfaden verwenden Sie ein normales Baumwollnähgarn Nr. 40 oder Nr. 50. Es können auch zwei Garne gleichzeitig verwendet werden. In diesem Fall bedingt das aber möglicherweise eine spezielle Nadel mit grossem Öhr, damit die Fäden nicht reissen.

Als Unterfaden ist feinstes Maschinenstickgarn ideal, aber bei einigen Maschinen kann man auch Metallic-Garn, Rayon und Mischungen verwenden.

Nadel Verwenden Sie eine Nadel Grösse 90 (14), oder wählen Sie eine Nadel, die zu Garn und Stoff passt.

Fuss Entfernen Sie den Fuss, aber verwenden Sie einen Stopffuss, wenn es Schwierigkeiten bereitet, ohne Fuss zu nähen.

Spannung Erhöhen Sie die Oberfadenspannung in kleinen Schritten, bis der Unterfaden auf der Stoffoberfläche sichtbar wird. Diese Spannung ist höher als beim «normalen» Nähen. Die normale Fadenspannung liegt üblicherweise bei einer Wahlscheibeneinstellung von «3» bis

Die drei Arbeitsproben unten zeigen den Federstich, eine Abwandlung des überwendlichen Stichs (siehe Seite 69).

▽◁◁ Der Federstich wurde auf Tüll gearbeitet. Die Unterfadenspannung war locker eingestellt, so dass der Unterfaden auf der Tülloberseite sichtbar wird.

▽◁ Der Federstich wurde hier auf Baumwollmusselin gearbeitet – durch eine Kreisbewegung entstehen Spitzenlöcher.

▽ Für den normalen Federstich wird der Rahmen kreisförmig bewegt, aber schneller als für den überwendlichen Stich. Eine hohe Oberfadenspannung und eine lockere Unterfadenspannung ziehen den Unterfaden an die Oberfläche.

1 *Der Blitz schlägt zweimal ein – Designthema dieses Stücks.* Um den Eindruck von Blitz und dunklem Himmel zu übersetzen, wurden kleine Papierstücke gerissen, geschnitten und auf ein Blatt Papier geklebt. Diese Anordnung von Formen und Farben war Grundlage für den Entwurf für die Stickarbeit.

2 Nach Anleitung des Herstellers wurde der Entwurf mit Baumwollstoffarben auf den Hintergrundstoff gemalt. Die Farbe dient an den Stellen, an denen der Stoff durch die Stickerei hindurchscheint, als Hintergrund.

3 Die Maschine wurde für den überwendlichen Stich eingestellt und der straff gespannte Stoff unter der Nadel in Position gebracht. Der Rahmen wurde sehr langsam bewegt, während das Fusspedal durchgedrückt war, so dass die Maschine sehr schnell lief. Auf der Oberfläche entstanden Stichreihen des Unterfadens, der Schlingen bildete.

«5» oder wird durch eine farbige Linie angezeigt. Die Spannung muss möglicherweise bis «9» erhöht werden. Wenn der Oberfaden reisst, reduzieren Sie die Spannung etwas. Verringern Sie die Unterfadenspannung, so dass sie etwas geringer ist als beim «normalen» Nähen. Bei einigen Maschinen kann man die Unterfadenspannung ganz umgehen – schauen Sie in Ihrem Handbuch nach.

Die Spannungseinstellung ist bei dieser Technik von grösster Bedeutung. Bei manchen Maschinen führt eine hohe Oberfadenspannung zu einem ständigen Reissen des Oberfadens. In diesem Fall reduzieren Sie die Unterfadenspannung leicht. Wenn der fertige Stich unregelmässig oder klumpig wird, ist entweder die Oberfadenspannung nicht hoch genug eingestellt oder die Unterfadenspannung ist zu hoch. Stellen Sie die Spannungen neu ein.

Bei manchen Maschinen, bei denen die Spulen eingelegt werden, kann die Unterfadenspannung nicht niedrig genug eingestellt werden. Dies kann durch die Verwendung eines schwereren Oberfadens ausgeglichen werden. Man kann auch den Oberfaden ein- bis zweimal oben an der Maschine um einen zweiten Garnhalter wickeln.

*Das fertige Stück **Der Blitz schlägt zweimal ein** besteht aus neun Stücken, von denen jedes etwa 4,5 cm im Quadrat misst. Der Hintergrund ist gefärbtes Baumwollgarn.*

Vorbereitung Bereiten Sie die Maschine wie für das freie Maschinensticken vor, indem Sie den Transporteur versenken oder abdecken. Entfernen Sie den Nähfuss, oder befestigen Sie den Stopffuss.

Variationen beim überwendlichen Stich

Der überwendliche Stich ist einer der wenigen Stiche, der die Oberfadenspannung auf eine harte Probe stellt. Jede Maschine reagiert anders, und nur durch Experimentieren entdecken Sie die Möglichkeiten des Stichs bei Ihrer Maschine. Der Federstich ist eine Abwandlung des überwendlichen Stichs: Befolgen Sie die Anleitung wie für den überwendlichen Stich, aber erhöhen Sie die Oberfadenspannung auf ein Maximum. Verringern Sie die Unterfadenspannung, so weit es geht, und bewegen Sie den Rahmen mit kreisförmigen Bewegungen schneller.

Freies Fadenlegen und Überfangen

Mit dieser freien Technik kann man eine hohe, dreidimensionale, strukturierte Aufhäufung von schwerem Garn auf dem Stoff erreichen. Man verwendet Handstickgarne, die auf die Spule gewickelt werden, und näht mit der Stoffoberseite nach unten. Die offensichtliche Schwierigkeit liegt darin, dass Sie die fortschreitende Zunahme des Garns nicht sehen können. Es ist daher notwendig, den Entwurf auf der Rückseite des Stoffes aufzuzeichnen, so dass Sie den Entwurfslinien beim Nähen folgen können. Es ist ratsam, einen Probelappen zu nähen, um sicherzugehen, dass die Spannungen richtig eingestellt sind, um das gewünschte Resultat zu erzielen. Der Probelappen kann auch verwendet werden, um verschiedene Garne auszuprobieren.

Stoffe Experimentieren Sie mit vielen Stoffen, einschliesslich Baumwolle, Samt, Organdy, Organza und anderen ungewöhnlichen Stoffen. Achten Sie darauf, dass der Stoff gut gespannt ist.

Garne Als Oberfaden kann man ein Nähgarn Nr. 50 verwenden oder Maschinenstickgarn.

Als Unterfaden verwenden Sie Handstickgarne, Perlgarn, sechsfädige Garne, feine Strick- und Häkelgarne. Verwenden Sie auch die neuen, aufregenden Kombinationen aus Metallic-Garnen und gedrehten Garnen. Um den Unterfaden auf die Spule zu wickeln, wickeln Sie etwas Garn vom Knäuel oder von der Docke ab, aber schneiden Sie es erst ab, wenn die Spule ganz voll ist. Verwenden Sie den Aufspulmechanismus der Maschine, aber setzen Sie zusätzlich Ihre Finger als Führung ein, damit das Garn sich gleichmässig auf die Spule wickelt. Das verhindert später Probleme beim Nähen. Wickeln Sie nicht zu viel Garn auf die Spule.

Nadel Wählen Sie eine Nadel, die Garn und Stoff entspricht.

Stich Arbeiten Sie im freien Vorstich in alle Richtungen. Um dichte Strukturen zu schaffen, werden die Stiche überlappt.

Spannung Stellen Sie die Spannungen wie für das Fadenlegen und Überfangen ein. Bei den meisten schweren Garnen muss die Unterfadenspannung reduziert werden. Sie sollte angepasst werden, damit sich das schwere Garn etwa mit derselben Rate wie normales Nähgarn abspult. Für einen lockeren Schlingstich kann die Unterfadenspannung sehr niedrig eingestellt werden. Bei manchen Maschinen kann man für einen sehr starken Schlingenstich die Spannung umgehen.

Die Oberfadenspannung muss möglicherweise angepasst werden, damit ein sauberer, dichter Überfangstich entsteht. Durch die Anpassung der Oberfadenspannung wird der Unterfaden auf dem Stoff gesichert. Beginnen Sie mit normaler Spannung und erhöhen Sie sie, falls nötig.

Variationen beim Fadenlegen und Überfangen

Versuchen Sie, die Oberfadenspannung zu erhöhen, bis die richtige Menge Unterfaden auf der Stoffoberseite sichtbar wird. Bei dieser Variation kann die fertige Stoffseite oben liegen.

Oder stellen Sie die Unterfadenspannung unter normal ein, bis der Oberfaden auf der Rückseite des Stoffes sichtbar wird.

Für **Lila Zeiten** *wurde sechsfädiges Baumwollgarn als Unterfaden verwendet. Sechs Lila- und Grünschattierungen geben der Arbeit die nötige Tiefe. Im Vordergrund wurde mit schweren Stichen gearbeitet, bis ein dichter Aufbau von Farbe und Struktur erreicht war.*

Freie Durchbrucharbeit mit Spitzenfüllung

Durchbrucharbeiten sind eine traditionelle Technik in der Handstickerei. Dabei werden Teile des Hintergrundstoffes weggeschnitten und mit Spitze gefüllt. Um die Kanten herum wird im Satinstich gearbeitet. Im allgemeinen wurden eng gewebte Stoffe wie Baumwolle, Leinen oder Organdy verwendet. Die Technik lässt sich am besten nachahmen, wenn man mit der Automatik im Satinstich näht. Die hier beschriebene Technik beruht auf dem freien Vorstich und einer Spitzeneinlage.

Stoffe Am besten verwendet man einen eng gewebten Stoff, der nicht leicht franst. Versuchen Sie es mit Organdy, Nylon-Organza oder Baumwolle, und spannen Sie die Arbeit gut in einen kleinen Rahmen mit 12 bis 14 cm Durchmesser.

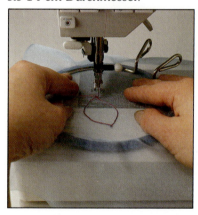  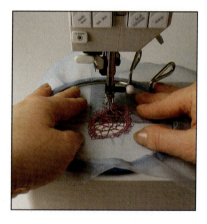

1 Planen Sie einen Entwurf mit vielen Formen. Wenn die Formen klein sind, wird der Stoff durch die Stickerei weniger verzogen; daran sollte man denken, besonders wenn eine grössere Zahl von Durchbrüchen geplant ist. Spannen Sie den Stoff in den Rahmen, und stellen Sie die Maschine auf freien Vorstich ein. Nähen Sie um den Umriss jeder Form herum.

2 Entfernen Sie den Stoff aus dem Rahmen. Mit einer sehr spitzen Schere wird der innere Bereich vorsichtig nah an der Naht weggeschnitten. Spannen Sie den Stoff wieder in den Rahmen, und nähen Sie mit einem Zierstich um die Kante des ausgeschnittenen Bereichs herum. Für dieses Beispiel wurde der Saatstich verwendet.

3 Drücken Sie das Fusspedal durch, so dass die Nähgeschwindigkeit sehr schnell ist, und bewegen Sie den Rahmen über den offenen Bereich von links nach rechts. So wird sichergestellt, dass Ober- und Unterfaden sich gleichmässig miteinander verdrehen, während die Stiche den offenen Bereich überkreuzen. Fahren Sie fort, bis die erwünschte Dichte erreicht ist.

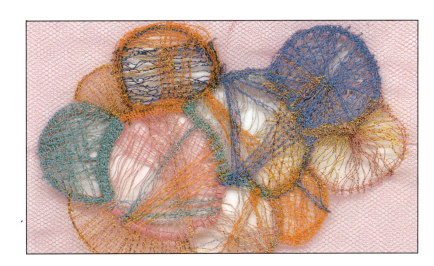

Diese Arbeitsprobe zeigt eine Spitzenfüllung, die auf zwei Lagen Tüll gearbeitet wurde.

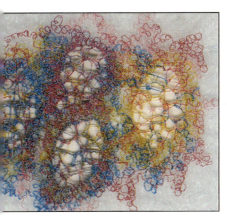

4 Ist der offene Bereich mit Stichen bis zur gewünschten Dichte bedeckt, nähen Sie Wirbel oder andere Muster über das Fadengefüge. Arbeiten Sie weiter, bis die gewünschte Wirkung erreicht ist. Dann arbeiten Sie an der nächsten Form weiter und wiederholen diesen Arbeitsschritt.

Garne Verwenden Sie als Ober- und Unterfaden Maschinenstickgarn. Manche glänzende Garne sind nicht so gut geeignet, um offene Zwischenräume zu überkreuzen. Wenn die Garne nicht dieselbe Stärke haben, muss möglicherweise die Oberfadenspannung und/oder die Unterfadenspannung angepasst werden. Verändern Sie die Spannung so lange, bis der Oberfaden auf der Stoffunterseite nicht mehr sichtbar ist und der Unterfaden nicht auf der Oberseite.

Nadel Verwenden Sie eine Nadel, die beim Durchstechen des Stoffes nicht bricht.

Stich Arbeiten Sie im freien Vorstich.

Spannung Die Unterfadenspannung sollte normal sein und die Oberfadenspannung leicht verringert werden, es sei denn, Sie verwenden zwei unterschiedlich starke Garne (siehe oben).

Ausserdem brauchen Sie eine sehr spitze Stickschere.

Variationen bei der Durchbrucharbeit mit Spitzeneinlage

Versuchen Sie es mit vielen verschiedenen ausgeschnittenen Formen. Nachdem Sie eine Form mit Stichen umrissen haben, kann man jedes beliebige Muster verwenden, um die leeren Bereiche zu füllen. Wenn die Form gefüllt ist, arbeitet man im Satinstich um die Kanten herum. Man kann den automatischen oder freien Satinstich verwenden.

Die Spitzeneinlage der Durchbrucharbeit lässt sich bei einer steifen Einlage für Vorhänge oder Stramin ohne Rahmen arbeiten.

*Zwischen zwei Lagen Nylon-Organza wurden Federn eingeschlossen, um den **Umhang der Schneekönigin** zu arbeiten. Neben dem freien Vorstich wurde die freie Durchbrucharbeit mit Spitzenfüllung verwendet sowie Maschinenstickgarn in zwanzig Schattierungen.*

Offene Arbeit

Die offene Arbeit lässt sich für kreative Entwürfe verwenden. Die Technik wird für Stoffe in lockerer Webart verwendet. Sie können grob oder fein sein. Typische Stoffe sind Gaze, Mull, leichter Leinen- oder Baumwollstoff, Leinen und Juteleinen. Die lockere Webart dieser Stoffarten lässt die Nadel einen Faden (Schuss- oder Kettfaden) aufnehmen, zu einem anderen springen und beide zusammenziehen, so dass eine offene Fläche entsteht, die einem Knopfloch oder Bindloch ähnelt.

Die Technik kann man für Stoffschlitze einsetzen. Der geschlitzte Bereich wird an den Kanten umnäht, wobei zwei oder drei Fäden zusammengezogen werden, so dass in dem Entwurf grosse, offene Bereiche entstehen.

Diese Arbeitsprobe zeigt die offene Arbeit auf einem leichten Leinenstoff. Zuerst wurde ein Schlitz in den Stoff geschnitten und mit Zickzackstich ausgefüllt, dann ein zweiter und so weiter.

Garne Verwenden Sie als Ober- und Unterfaden Maschinenstickgarn. Wenn als Oberfaden Viskose- oder Metallic-Garn gebraucht wird, nehmen Sie als Unterfaden ein Maschinenstickgarn aus Baumwolle.

Spannung Verringern Sie die Spannung leicht. Versuchen Sie es mit der normalen Unterfadenspannung.

Das Nähen

Bei Stoffen wie Juteleinen oder Rupfen kann man den freien Zickzack- oder Satinstich verwenden. Stellen Sie den Stich so breit ein, dass bei jedem Stich zwei oder drei Fäden gefasst werden. Beim Nähen ziehen sich die Stoffäden dann eng zusammen.

Bei feineren, enger gewebten Stoffen wie Mull oder Gaze sind feinere Entwürfe möglich: Kreisförmige Formen lassen sich leichter arbeiten. Der Stoff kann in alle Richtungen aufgeschlitzt werden, und der freie Vorstich lässt sich auf eng gewebten Stoffen leichter ausführen. Schlitzen Sie nie mehr als einen oder zwei Bereiche auf, bevor Sie mit dem Nähen beginnen.

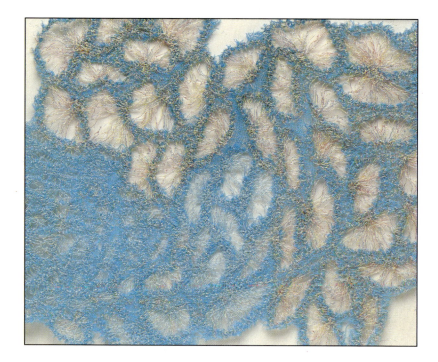

Mit freiem Vorstich wurde die offene Arbeit auf sehr feinem Baumwollmusselin gearbeitet. Der Stoff weist T-förmige Schlitze auf, anschliessend wurden die Öffnungen gefüllt.

Hohlnahtarbeiten

Bei den traditionellen Hohlnahtarbeiten werden Fäden aus dem Stoff entfernt. So entstehen Bereiche, in denen die Fäden nur in einer Richtung verlaufen. Die Maschinenstickerin kann dann mit dem Satinstich Gruppen dieser Fäden zusammenziehen. Dies wirkt fast wie Handarbeit, aber es ist möglich, auch andere Maschinen- oder Handstiche hinzuzufügen.

Entscheiden Sie, in welchem Bereich die Fäden gezogen werden sollen. Sie können entweder die Schuss- oder Kettfäden entfernen. Ziehen Sie die Fäden bis zu den Kanten des Bereichs heraus. Bei einem rein dekorativen Stück können die Fäden abgeschnitten und weggeworfen werden.

Stoffe Verwenden Sie einen gleichmässig gewebten Stoff, beispielsweise Leinen, dessen Fäden stark genug sind, um gezogen zu werden. Andere geeignete Stoffe sind unter dem Kapitel *Offene Arbeit* aufgeführt (siehe Seiten 74–76).

Für diese Arbeitsprobe wurde eng gewebter Stramin in den Rahmen gespannt, die Fäden wurden gezogen und Fadengruppen im freien Satinstich miteinander verbunden.

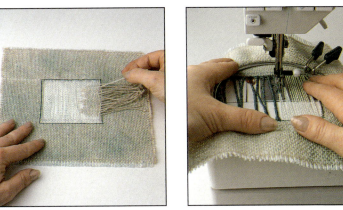
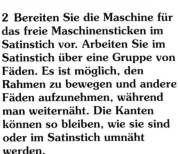

1 Markieren Sie den Bereich für die Hohlnahtarbeit. Umstechen Sie den Bereich mit der Maschine. Schneiden Sie die Fäden, die in einer Richtung verlaufen, an beiden Enden durch, und entfernen Sie sie. Es bleibt eine Fadenreihe erhalten, die in dieselbe Richtung verläuft. Spannen Sie den Stoff in den Rahmen.

2 Bereiten Sie die Maschine für das freie Maschinensticken im Satinstich vor. Arbeiten Sie im Satinstich über eine Gruppe von Fäden. Es ist möglich, den Rahmen zu bewegen und andere Fäden aufzunehmen, während man weiternäht. Die Kanten können so bleiben, wie sie sind oder im Satinstich umnäht werden.

Spezialeffekte

Es gibt viele Spezialeffekte, die nur die Maschinenstickerin ausführen kann. Das automatische und freie Maschinensticken bietet der Maschinenstickerin in Kombination mit speziellen Stoffen endlose kreative Möglichkeiten.

Spitze auf löslichem Musselin

Wunderschöne Spitzeneffekte entstehen, wenn man ein spezielles Material verwendet, den löslichen Musselin. Dabei handelt es sich um ein versteiftes Material, das sich auflöst, wenn es mit dem Bügeleisen erhitzt wird. Man kann gerade oder kreisförmige Stichmuster verwenden. Da Zickzackstiche viel lockerer sind als gerade Stiche, wählt man am besten eine sehr schmale Stichbreite und überkreuzt die Stichlinien häufig, wenn man im Zickzackstich arbeitet.

1 Spannen Sie löslichen Musselin in den Stickrahmen. Seien Sie vorsichtig – der Musselin ist recht zart und hält starker Spannung im Rahmen nicht stand.

Sehr kleine Spitzenstücke wurden auf löslichen Musselin gelegt und mit Klebespray gesichert. Das Muster besteht aus freiem Vorstich.

2 Nähen Sie mit einem freien Stich, der sich verschlingen lässt, um eine Spitzenwirkung zu erzielen. Wenn die Stickarbeit fertig ist, wird der überschüssige lösliche Musselin knappkantig an der Stickerei abgeschnitten.

3 Legen Sie ein dünnes Bügeltuch über die Stickerei, und bügeln Sie mit einem heissen, trockenen Bügeleisen darüber, bis der Musselin einen gräulichen Braunton annimmt. Der lösliche Musselin löst sich durch die Hitzeanwendung schnell auf. Bürsten Sie die Asche vorsichtig mit einer weichen Zahnbürste weg, um auch störrische Stücke zu entfernen.

4 Das fertige Stück kann verwendet werden, wie es ist, auf einen anderen Stoff appliziert oder gestärkt und zu dreidimensionalen Formen geformt werden.

Rahmen   Ein Stickrahmen ist empfehlenswert.

Garne   Sie können jedes Garn aus Naturfaser verwenden, beispielsweise Baumwolle, Baumwollperlgarn, Seide oder Wolle. Für schwerere Spitze verwenden Sie Baumwollhäkelgarn oder Baumwollperlgarn als Unterfaden. Synthetikgarne reagieren bisweilen empfindlich auf ein heisses Bügeleisen, aber einige sind für die Backofenmethode (siehe unten) geeignet. Auch manche Metallic- und Glanzgarne sind geeignet: Experimentieren Sie, wenn Sie im Zweifel sind.

Nadel   Verwenden Sie eine Nadel, die gross genug für das Garn ist, so dass es nicht reisst.

Farben   Nehmen Sie Garne in vielen Schattierungen.

Spannung   Stellen Sie die Spannung so ein, dass Sie einen möglichst perfekten freien Vorstich erreichen.

Für diese Arbeitsprobe im freien Fadenlegen wurden als Unterfaden Spitzengarn, Perlgarn für das Handsticken und Baumwollstrickgarn verwendet. Die Unterfadenspannung wurde gelockert. Als Oberfaden diente Maschinenstickgarn. Die Rückseite des löslichen Musselins ist die fertige Seite der Arbeit.

Das Nähen Nähen Sie über einen grossen Bereich, so dass über dem Muster ein Stütznetz entsteht. Dann gehen Sie wieder über das Netz, um es auszufüllen. Arbeiten Sie dichte Stiche in einem bestimmten Bereich erst dann, wenn das Netz fertig ist, sonst könnte der Musselin reissen. Bewegen Sie den Rahmen beim Nähen gleichmässig und rhythmisch. Wenn Sie mit dem Nähen fertig sind, schneiden Sie den überschüssigen Musselin knappkantig am Muster ab.

Den Musselin wegbrennen Legen Sie ein dünnes Bügeltuch über die Arbeit. Bügeln Sie mit einem trockenen, heissen Bügeleisen darüber, bis der Musselin braun wird. Bürsten Sie den aufgelösten Musselin ab. Verwenden Sie dazu eine weiche Zahnbürste oder eine Nagelbürste, damit verbleibende Reste von Musselin aus der Stickerei entfernt werden.

Alternative Der lösliche Musselin kann auch entfernt werden, indem man ihn im Backofen erhitzt. Der Ofen wird auf 150°C vorgeheizt. Wickeln Sie die Arbeit in ein Stück Folie ein, und legen Sie sie für fünf bis sechs Minuten in den Ofen. Der Musselin verfärbt sich braun, so dass er sich durch vorsichtiges Reiben auflöst. Wie bei der Bügelmethode können störrische Stücke mit einer Bürste entfernt werden. Lassen Sie die Stickerei keinesfalls über einen längeren Zeitraum im Ofen.

Freie Maschinenspitze auf kaltwasserlöslichem Stoff

Kaltwasserlösliches Material sieht wie Kunststofffolie aus und fühlt sich auch so an. Dieser Stoff kann wie löslicher Musselin bestickt werden. Für diese Technik sollten jedoch nur Maschinenstickgarne verwendet werden, da stärkere, dickere Garne den Stoff zerreissen können. Der Stoff eignet sich, um eine sehr feine, zarte Spitze zu arbeiten.

Der Hersteller empfiehlt zwar, das Material in kaltem Wasser aufzulösen, aber die Erfahrung hat gezeigt, dass warmes Seifenwasser mit einer anschliessenden kalten Spülung das lösliche Material wirkungsvoll entfernt. Nach der Entfernung des löslichen Materials wird die Spitze zum Trocknen auf ein Handtuch gelegt und, falls nötig, festgesteckt. Man kann das Stück stärken, wenn eine dreidimensionale Form entstehen soll.

Nadel Passend zum Garn. Wenn Sie Schwierigkeiten haben, versuchen Sie es mit einer Nadel mit Kugelspitze.

Stich Arbeiten Sie nur im freien Vorstich, Zickzackstiche würden das Material zerreissen.

Stichlänge Achten Sie darauf, dass die Stichlänge auf «0» eingestellt ist. Auch wenn der Transporteur versenkt ist, bewegt er sich und kommt in Kontakt mit dem Stoff und reisst Löcher hinein, falls Sie diese Vorsichtsmassnahme nicht ergreifen.

Variationen auf kaltwasserlöslichem Material

Legen Sie eine einzelne Schicht löslichen Materials auf die Arbeitsfläche. Auf das Material legen Sie kleine Stücke Spitze, Tüll, transparente Stoffe, Garnbündel und so weiter: Mit etwas Klebespray halten Sie all diese Stücke vorübergehend fest. Legen Sie eine weitere Schicht löslichen Materials über die Stücke, so dass ein Material-«Sandwich» entsteht. Spannen Sie alles in den Rahmen, und arbeiten Sie im freien Vorstich darüber, so als ob es sich um einen Stoff handelt. Achten Sie darauf, dass die Stiche sich verschlingen, damit ein Stütznetz entsteht. Das lösliche Material ist sehr zart und reisst leicht, daher ist es wichtig, dichte Stiche und das Nähen auf einer Stelle zu vermeiden. Drücken Sie das Material beim Nähen fest auf das Flachbrett, und drücken Sie das Fusspedal durch.

Für diese Arbeitsproben wurden verschiedene Stoffstücke, Spitze, Schleifenband und Tüll auf einen Hintergrund aus kaltwasserlöslichem Material gelegt. Eine weitere Lage kaltwasserlösliches Material wurde darüber gelegt. Dann wurden die Lagen in den Rahmen gespannt und im freien Vorstich zusammengenäht.

Spitze und andere strukturierte Stoffe auf heisswasserlöslichem Stoff

Material, das sich im heissen Wasser auflöst, ist viel robuster als das kaltwasserlösliche Material. Es verträgt viel dichtere Stiche und zusätzliche Stoffschichten. Das Material kann in einen Rahmen gespannt, aber auch ohne Rahmen bearbeitet werden. Ausserdem lässt sich mit der Fadenlegtechnik arbeiten. Wenn Sie ohne Rahmen arbeiten, müssen Sie die Maschine auf Automatik einstellen und den Nähfuss benutzen. Nähen Sie Zickzackstiche, achten Sie darauf, dass Sie über den Zickzackstich zwei bis drei Reihen im Geradstich nähen, sonst trennt sich der Zickzackstich auf, wenn das Material aufgelöst wird.

Wenn Sie die Stickarbeit fertiggestellt haben, legen Sie die Arbeit etwa fünf Minuten lang oder bis das Material sich aufgelöst hat in leicht kochendes Wasser. Die Arbeit scheint dann geschrumpft zu sein, aber verzweifeln sie nicht. Spülen Sie sie unter fliessendem warmem Wasser. Anschliessend wird die Arbeit auf ein trockenes Handtuch gelegt und vorsichtig gedehnt und geformt. Dann lässt man sie ganz normal trocknen.

Automatikstiche wurden verwendet, um Spitze auf einem heisswasserlöslichen Material herzustellen: Tüll wurde über den Stoff gelegt und mit geraden Stichen und Zickzackstichen verziert. Ein Rahmen wurde nicht genutzt. Diese Technik lässt das Garn leicht einlaufen, was sehr attraktiv wirkt.

Perlen und Pailletten

Perlen und Pailletten mit der Maschine aufzunähen wird eine grosse Erleichterung für diejenige sein, die sie schon einmal mühsam von Hand aufgenäht hat. Winzige Perlen, die aufgefädelt wurden, können mit den freien Maschinentechniken aufgenäht werden. Wenn man sie bereits aufgefädelt kaufen kann, um so besser. Wenn nicht, werden sie mit einer Perlnadel aufgereiht. Manchmal sind die Fäden von bereits aufgefädelten Perlen schwach. Ist dies der Fall, fädeln Sie sie neu auf, indem Sie einen durchsichtigen Nylonfaden mit einem Ende des vorhandenen Fadens verknoten und die Perlen vorsichtig auf den neuen Faden schieben.

Stoffe Jeder Stoff ist geeignet.

Garne Verwenden Sie als Oberfaden unsichtbares Nylongarn. Als Unterfaden verwenden Sie Maschinenstickgarn aus Baumwolle oder Nähgarn Nr. 50.

Fuss Man näht ohne Fuss. Entfernen Sie die Presserfussklammer für den Nähfuss von der Presserstange, wenn sie die Perlen blockiert.

Spannung Verringern Sie die Oberfadenspannung leicht; stellen Sie die Unterfadenspannung normal ein.

Das Nähen Übertragen Sie den gewählten Entwurf auf den Stoff oder zeichnen Sie ihn auf. Legen Sie die Perlenstränge nach Wunsch auf den Entwurf, und stecken Sie sie mit Stecknadeln fest. Entfernen Sie die Nadeln beim Nähen.

Für diese Arbeitsprobe wurden Perlen und Pailletten im freien Maschinenstich auf heisswasserlösliches Material genäht.

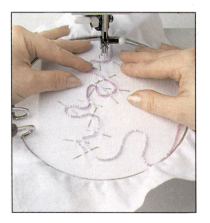

Rahmen Sie den Stoff, und stellen Sie die Maschine für den freien Vorstich ein. Nähen Sie auf der Stelle, um den Faden zu sichern. Nähen Sie dem Perlenstrang entlang, wobei der Rahmen von links nach rechts bewegt wird, so dass der Oberfaden zwischen den Perlen liegt. Die Perlen müssen mit der Hand in Position gehalten werden, achten Sie also auf Ihre Finger. Pailletten kann man auf dieselbe Weise festnähen.

Schichten

Eine der innovativsten und lohnendsten Techniken, die es für die Maschinenstickerin gibt, ist die eigene Herstellung von Stoffen. Das Schichten von Stoffen ist eine Technik, mit der man individuelle Stücke von grosser Vielfalt in Struktur, Muster und Farbe herstellen kann. Reiche Farben und Strukturen lassen sich durch das Hinzufügen von Garnen, Perlen, Kordeln, Schleifenband, Federn, Zweigen und anderen Resten, die zwischen den Schichten gehalten werden, schaffen. Wählen Sie einen schweren Baumwollstoff als Hintergrundmaterial.

Stoffe und Reste zum Schichten   Wählen Sie einen Stoff, der Ihnen gefällt, beispielsweise glänzende oder transparente Stoffe, Stoffe in ungewöhnlicher Webart, Nylon, Baumwolle, Samt oder Satin. Fügen Sie Perlen, Flachstichkordeln, Garne für das Hand- oder Maschinensticken, Spitze, oder was Sie sonst noch herumliegen haben, hinzu.

Nadel   Verwenden Sie eine Nadel Grösse 90 (14) oder 100 (16), oder wählen Sie eine Nadel, die zu Garn und Stoff passt.

Stiche   Arbeiten Sie freie Maschinenstiche wie freien Vorstich, Zickzack- oder Satinstiche mit ein.

Fuss   Versuchen Sie, ohne Fuss zu nähen. Wenn Probleme auftauchen, verwenden Sie den Stopffuss.

Spannung   Schauen Sie unter freiem Vorstich nach.

Vorbereitung   Spannen Sie das Hintergrundmaterial in den Rahmen, falls es für eine freie Maschinenarbeit ohne Rahmen nicht steif genug ist. Etwas Klebespray oder eine gewebeverbindende Einlage hält die Stücke an Ort und Stelle fest. Befolgen Sie die Anleitung des Herstellers. Legen Sie Garne oder Kordeln auf den Hintergrund. Bauen Sie Strukturen und Farben in Schichten auf dem Hintergrund auf.
  Wenn Sie mit der Farb- und Strukturkombination der Schichten zufrieden sind, nähen Sie mit zufälligen Stichen oder in einem gewählten Entwurf oder Muster darüber.

Stoffstücke, Handstickgarn und Kunststoffhaut wurden auf den Hintergrundstoff gelegt. Dann wurde im freien Vorstich und Zickzackstich in neutralen Farben über die Stücke genäht, um sie miteinander unsichtbar zu verbinden.

Schichten und Durchbrucharbeit

Bei einer Technik für Stoffkreationen werden unregelmässig geformte Stücke von fast durchsichtigen Materialien übereinander geschichtet. Auf den Stoff wird ein Entwurf genäht, so dass geschlossene Formen entstehen. Das Material wird dann innerhalb dieser Formen weggeschnitten, und verschiedene Lagen werden nach Wahl entfernt, so dass feine Form- und Farbveränderungen entstehen. Um die Kanten der Form wird dann in der Technik des freien Fadenlegens und Überfangens gearbeitet.

Sie können auch spontan arbeiten, statt sich nach einem vorher zurechtgelegten Muster zu richten. Verwenden Sie freifliessende Formen, Quadrate, Kreise, zittrige Linien oder was Ihnen gerade in den Sinn kommt.

Stoffschichten   Um den Untergrundstoff vorzubereiten, schneiden Sie ein Stück Musselin zu, das etwas grösser als das fertige Stück ist. Legen Sie eine Lage Füllung auf den Musselin. Fügen Sie den Hintergrundstoff hinzu, am besten einen mittelschweren bis schweren Baumwollstoff, der auf dieselbe Grösse wie die anderen Schichten zugeschnitten ist.

Über den wattierten Untergrundschichten bauen Sie Schichten von durchscheinenden Stoffen jeder Grösse und Form auf. Geeignete Stoffe sind Tüll, Spitze, Organdy, Nylon- oder Seidenbatist. Machen Sie so viele Schichten, wie Sie wünschen. Die Stoffstücke können sich überlappen und in jedem Winkel zum Hintergrundstoff aufgelegt werden. Die letzte Schicht sollte ein Stück in der Grösse des Hintergrundmaterials sein. Als Hilfe, um einzelne, verschiedenartige Stoffe an Ort und Stelle zu halten, kann man ein Klebespray ganz leicht aufsprühen. Die Arbeit lässt sich auch von Hand heften, wenn kein Klebemittel verwendet wird.

Sind alle Stoffschichten zusammengeheftet, sind sie steif genug, um ohne Rahmen auf der Maschine genäht zu werden.

Garne   Nähen Sie die Umrisse der Formen mit Maschinenstickgarn in abgestimmten Farben nach. Wählen Sie einige Handstickgarne, beispielsweise sechsfädiges Perlgarn, Häkelbaumwolle und Wolle.

Stiche   Verwenden Sie den freien Vorstich und das freie Fadenlegen und Überfangen.

Das Nähen   Wählen Sie Formen auf dem Stück, die Sie im freien Maschinenstich umreissen. Diese Formen sollten einfach gehalten und nicht zu gross sein. Es ist viel einfacher, kleine Bereiche zu bearbeiten als sehr grosse. Umrahmen Sie kleine Bereiche beim Nähen von Hand.

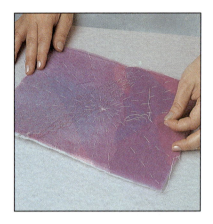  

1 Bringen Sie eine Auswahl an Stoffen auf dem Hintergrundmaterial in Position, und schichten Sie sie aufeinander. Von Hand werden alle Schichten von der Mitte ausgehend bis zu den Kanten zusammengeheftet.

2 Nähen Sie die Umrisslinien verschiedener Formen im freien Vorstich auf die Oberfläche. Halten Sie den Stoff mit der Hand fest, und umrahmen Sie kleine Bereiche beim Nähen mit den Händen.

3 Wenn alle Bereiche umrissen wurden, schneiden Sie mit einer kleinen, spitzen Schere Stoffschichten innerhalb der Umrisse weg. Während die Arbeit fortschreitet und Sie Formen ausschneiden, sollten Sie den Gesamtentwurf und die Farbwirkung im Auge behalten.
Seite 87 oben

Durchbrucharbeiten

Nachdem die Formen umrissen wurden, schneiden Sie mit einer kleinen, spitzen Schere Schichten weg, die innerhalb der umrissenen Formen enthalten sind. Die Anzahl der weggeschnittenen Schichten beeinflusst Farbe und Struktur der offengelegten Bereiche. Während die Arbeit fortschreitet und leuchtende Farben und hübsche Strukturen offengelegt werden, gewinnen Sie Zutrauen, welche Schichten offengelegt werden sollen.

Freies Fadenlegen   Der nächste Schritt ist die Umrandung der Formen mit freiem Fadenlegen. Dabei wird mit der Rückseite nach oben gearbeitet. Achten Sie sorgfältig darauf, dass Sie den Musterbereichen, die im freien Vorstich umrissen wurden, folgen. Überprüfen Sie auf der Vorderseite laufend, ob die Entwurfsideen und Farben Ihren Vorstellungen entsprechen.

Stellen Sie die Arbeit fertig, indem Sie die Heftstiche entfernen und die Kanten umnähen. Die Wahl der Kantenbearbeitung hängt davon ab, wie das Stück schliesslich eingesetzt wird: Die Kanten können umwickelt, umklebt oder im Satinstich umnäht werden. Wenn die Arbeit gerahmt werden soll, lässt man die Kanten so, wie sie sind.

4 Wenn alle Formen umrissen und die Durchbrucharbeiten fertiggestellt sind, drehen Sie die Arbeit um. Der freie Vorstich, der auf der Vorderseite angewendet wurde, ist auf der Rückseite sichtbar. Dann wird im freien Fadenlegen und Überfangen gearbeitet, wobei man den Umrisslinien folgt. Die Vorderseite (rechte Seite) liegt unten.

Die Arbeit **Arktischer Schneesturm** *verbindet Schichttechnik, Durchbrucharbeit und freie Maschinenstickerei. Das Stück misst etwa 48 cm x 63,5 cm.*

Stoffherstellung durch Maschinen-Patchwork

Alle Farben des Spektrums sind in der Natur vorhanden: Sie passen alle zusammen. Auf dieselbe Weise passen alle Farben in der Stickerei zusammen, es hängt nur von den Proportionen und der Plazierung der Farben ab. Die Kreation von Mustern und Farben, die gut zusammenpassen, ist für manche Menschen von einem Geheimnis umgeben. Um bei diesem Problem Abhilfe zu schaffen, kann man eine einfache Übung durchführen, die ebenfalls für das Kapitel über das Färben gilt.

Stoffe Es sind drei Stoffstücke von gestaffelter Grösse erforderlich. Beginnen Sie mit einem Quadrat, dessen Seitenabmessung zwischen 7,5 und 15 cm beträgt. Das zweite Stück sollte an allen Seiten etwa

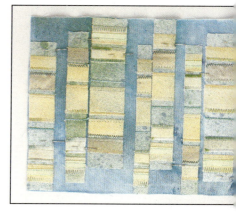

1 Mit einer geraden Kante werden einige Linien verschiedener Breite auf das kleinste Stoffstück gezeichnet. Schneiden Sie den Linien entlang, so dass mehrere Stoffstreifen entstehen. Legen Sie diese Streifen parallel zueinander auf das zweite Stoffstück. Die Streifen sollten gewendet oder abgewechselt werden, um das Farblayout zu variieren. Ein Teil des Hintergrundstoffes sollte zwischen einigen Streifen sichtbar sein.

2 Mit einem Automatikstich nähen Sie die Streifen auf die zweite Schicht. Die Schicht kann weiter durch Fadenlegen mit aufgenähten Handstickgarnen, Kordeln, Schleifen oder anderen Materialien, die zum Hintergrund passen, verziert werden.

3 Wiederholen Sie den ersten Schritt. Dieses Mal zeichnen Sie Linien von verschiedener Breite *über* die Streifen, die auf den zweiten Stoff genäht wurden. Schneiden Sie die Streifen aus, ordnen Sie sie an, und stecken Sie diese neuen Streifen auf das dritte und grösste Stoffstück. Ordnen Sie die Streifen neu an, spielen Sie mit ihnen, und verändern Sie ihre Position, bis das Ergebnis Ihnen zusagt.

5 cm überstehen. Das dritte Stück sollte eine ähnliche Zugabe gegenüber dem zweiten Stück haben. Wenn Sie die Stoffe selbst färben wollen, befolgen Sie die Anleitung auf Seite 114 und verwenden eine Marmorierungstechnik zum Färben der Stoffe. Eine andere Möglichkeit besteht darin, drei Stoffe mit einem kleinen vielfarbigen Druck zu verwenden, deren Farben miteinander verwandt sind. Die Stoffe werden in Schichten übereinandergelegt. Das kleinste Stück ist die erste Schicht und kann ein Stoff mittleren Gewichts sein. Das zweite Stück sollte ein mittelschwerer Baumwollstoff sein und die letzte Schicht – das grösste Stück – ein mittelschwerer bis schwerer Baumwollstoff.

Garne Verwenden Sie Maschinenstickgarn oder Nähgarn. Passen Sie die Garne, wo möglich, den Hintergrundfarben an.

Nadel Wählen Sie eine Nadel, die zum Stoff passt.

Stiche Verwenden Sie einen Automatikstich Ihrer Wahl. Variieren Sie die Stichbreite beim Nähen.

Fuss Verwenden Sie entweder den Zickzack- oder Geradstichfuss.

Spannung Verringern Sie die Oberfadenspannung leicht, und stellen Sie die Unterfadenspannung normal ein.

Variationen

Bevor die letzte Streifenschicht auf das Untergrundmaterial aufgenäht wird, wird eine Schicht Füllwatte und ein Deckstoff auf die linke Seite des Hintergrundstoffes (des grössten Stoffstücks) geheftet. Wenn die bestickten Streifen auf dieses Stück genäht werden, ergibt sich ein gesteppter und bestickter Stoff mit einem plastischen Erscheinungsbild.

Eine andere Möglichkeit liegt darin, die Anleitungen von Schritt 1 und 2 zu befolgen und dann die Streifen aneinander stossen zu lassen und sie mit einem automatischen Zierstich zu verbinden, statt die Streifen auf den dritten Hintergrundstoff zu nähen. Auf diese Weise entsteht ein dekorativer Stoff, der für jeden Zweck verwendet werden kann.

4 Mit dem Automatikstich werden die neuen Streifen auf den grössten Hintergrundstoff genäht. Der Hintergrundstoff sollte zwischen den Streifen durchscheinen. Ein interessanter Effekt entsteht, wenn die Nähte der Streifen nicht aufeinanderstossen. Wie zuvor können weitere Garne und Materialien aufgenäht werden.

In der Luft nähen

In der Luft nähen ist eine originelle Technik, die ich selbst entwickelt habe. Das Ziel dabei ist, ein Übergewicht an Garnen, die mit der Maschine genäht werden, mit einem Minimum an Hintergrundmaterial zu verbinden. Auf diese Weise lässt sich freies Maschinensticken herstellen, ohne dass ein Rahmen verwendet wird.

Der Erfolg dieser Technik hängt davon ab, ob man einen Stoff findet, der die Spannungen aushält, die entstehen, wenn man über die Löcher, die in den Stoff gemacht wurden, näht. Einige der Stoffe, die ich mit Erfolg verarbeitet habe, sind eine Kombination aus Einlage für Vorhangstoffe und Stramin, aber es lohnt sich, mit anderen Stoffen ähnlicher Qualität zu experimentieren, um herauszufinden, ob man sie verwenden kann oder nicht. Wenn das Gittermuster von 10 cm, das hier beschrieben wird, gemeistert wird, können andere Fertigkeiten im Maschinensticken zusammen mit dieser Technik eingesetzt werden.

Stoffe Verwenden Sie einen Stramin guter Qualität mit etwa 21 Fäden auf 2,5 cm und Einlage für Vorhangstoff.

Garne Feines Metallic-Garn verleiht dem übernähten Raum Festigkeit. Baumwollgarn ist gut geeignet, ebenso Maschinenstickgarn.

Wenn Metallic-Garne verwendet werden, wird die Spule nur bis zu etwa Dreiviertel ihres Fassungsvermögens aufgewickelt. Wenn Ihre Maschine mit Metallic-Garn nicht gut zurechtkommt, sollten Sie es mit Baumwollgarn als Unterfaden versuchen. Gefühl für die gewählten Farben für Ober- und Unterfaden kann wunderschöne Schattierungen hervorbringen, da die Fäden sich beim Nähen miteinander verwickeln. Wenn glänzende Garne bei dieser Technik verwendet werden, können sich Schwierigkeiten ergeben.

*Bei dieser Arbeit, **Aurora Borealis**, wurde die Technik des Nähens in der Luft verwendet. Nachdem die Quadrate fertiggestellt waren, wurden sie weiter bearbeitet und auf ein Drahtgitter genäht. (Stickarbeit von Gail Harker, Leihgabe von Mr und Mrs Steve Last.)*

  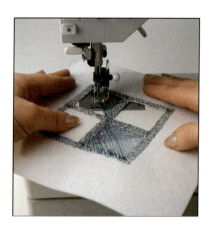

1 Schneiden Sie den Stramin in Quadraten von 10 cm Grösse und die Einlage in Quadraten von 20 cm Grösse zu. Mit etwas Klebespray werden die beiden Stofflagen miteinander verbunden, wobei die Einlage 5 cm um das Straminquadrat herum überstehen sollte. Zeichnen Sie einen Rahmen entlang den Kanten des Stramins, so dass in der Mitte eine Kreuzform entsteht. Das Muster sieht wie ein Fenster mit vier Scheiben aus. Der Rahmen sollte zwischen 0,5 cm und 1 cm breit sein. Um ganz genaue Masse zu erhalten, zählen Sie die Fäden.

2 Nähen Sie im Geradstich um die Kanten des Gitters innerhalb des 1 cm breiten Rahmens herum, um die Einlage mit dem Stramin zu verbinden. Mit einer sehr scharfen Schere oder einem Teppichmesser schneiden Sie durch beide Stoffe, um die vier Quadrate oder Scheiben zu entfernen (wie bei einer Durchbrucharbeit), aber schneiden Sie jedes für sich aus, nachdem das vorhergehende Quadrat umnäht wurde. Das Gitter, das auf diese Weise entsteht, dient dazu, die Stiche aufzunehmen.

3 Schneiden Sie irgend ein Quadrat aus, bevor Sie mit dem Nähen beginnen. Beginnen Sie an der äusseren mittleren Ecke, und nähen Sie auf der Stelle, um den Faden zu sichern und um die Nähgeschwindigkeit zu steigern. Wenn Sie eine hohe Geschwindigkeit erreicht haben, überqueren Sie das offene Quadrat diagonal hin zur gegenüberliegenden Ecke, wobei Sie in der Luft nähen. Wiederholen Sie diesen Schritt, und bewegen Sie sich diagonal über das Quadrat hin zur äusseren Ecke des Gitters, bis das halbe Gitter mit Fäden bedeckt ist. Kehren Sie zum Anfangspunkt zurück, und wiederholen Sie den Prozess. Bewegen Sie sich diesmal zu der mittleren Ecke, bis auch die andere Hälfte des Quadrats ausgefüllt ist. Befolgen Sie dieselbe Nähfolge, und überkreuzen Sie die ersten Diagonalnähte im Geradstich. Arbeiten Sie von der mittleren Ecke zur äusseren Ecke, wobei Sie diagonal erst in die eine Richtung und dann in die anderen Richtungen nähen.

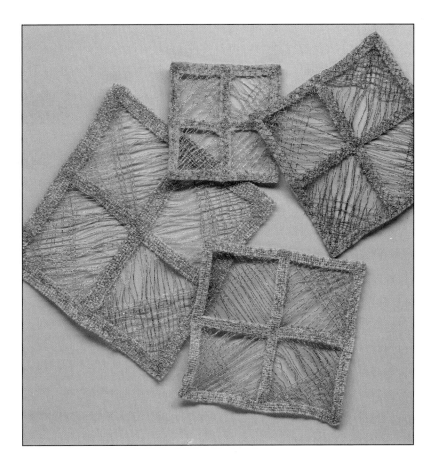

4 Wiederholen Sie den Prozess, und füllen Sie das Quadrat, das dem ersten bearbeiteten Quadrat diagonal gegenüber liegt. Fahren Sie fort, bis alle Quadrate ausgeschnitten und übernäht wurden. Schneiden Sie den überflüssigen Stoff um die Kanten des Gitters herum ab. Der Rahmen des Gitters kann nun mit freiem Maschinensticken bestickt werden, um es weiter zu verzieren oder um die Kanten zu stärken. Einzelne Gitter können für besondere Anwendungen zu unterschiedlichen Formen geformt werden.

Nadel   Verwenden Sie entweder eine Nadel Grösse 100 (16) oder 110 (18). Es ist ratsam, die Nadel häufig zu wechseln, da die Spitze durch die Einlage abstumpft.

Stich   Arbeiten Sie im freien Vorstich.

Fuss   Ein Stopffuss ist empfehlenswert.

Spannung   Verringern Sie die Ober- und Unterfadenspannung leicht.

Stichlänge   Stellen Sie die Stichlänge auf «0» ein.

Die Bearbeitung von Stoffen

Ein Teilziel beim Maschinensticken ist, dem Stoff Reiz zu verleihen oder einen interessanten Stoff herzustellen. Dies erreicht man, indem der Stoff auf kreative Weise neu geschaffen wird. Dazu verwendet man eine Auswahl oder mehrere der beschriebenen Techniken. Oft erhält man schon durch die Stoffherstellung oder durch die Neuerschaffung des Stoffes eine Idee, welche Sticktechnik gut dazu passen wird. Lassen Sie Ihrer Phantasie freien Lauf. Berücksichtigen Sie die Eigenschaften des Stoffes und wie Sie diese vorteilhaft zur Geltung bringen können.

Stellen Sie sich in bezug auf das Material einige Fragen: Rollen sich die Kanten ein, wenn der Stoff gebrannt wird? Kommt es dabei zur Blasenbildung? Ergeben sich weiche Kurven, wenn der Stoff gefaltet wird, oder eher scharfkantige Falten? Nimmt der Stoff Färbestoffe an? Kann man Löcher hineinbohren? Können die Kanten ausgefranst werden?

Brennen Einige Synthetikstoffe, besonders Nylon, können angesengt werden, ohne dass eine braune Kante bleibt. Auf diese Weise lassen sich elegante Kurven und Merkmale arbeiten, die sich nicht auflösen. Nicht alle Stoffe reagieren auf diese Weise, und manche gehen auch in Flammen auf. Machen Sie immer zuerst an einem kleinen Stück eine Brennprobe, und experimentieren Sie an einem sicheren Ort.

Stoff mit der Maschine rüschen

Das Rüschen ist eine Technik, mit der Stoff in Falten, weiche Kräuselungen und Knitterfalten gelegt wird. Wenn man über die Kräuselungen näht, bleibt die Form für immer erhalten. Dies ist eine weitere Möglichkeit, einer Stickarbeit Struktur zu verleihen.

Stoffe Als Hintergrund verwenden Sie einen mittelschweren Stoff. Zum Rüschen verwendet man sehr weichen, leichten Stoff, beispielsweise Satin, Seide, Musselin oder Baumwolle.

Garne Verwenden Sie Maschinenstickgarn. Wenn das Garn dieselbe Farbe wie der gerüschte Stoff hat, fallen die Stiche nicht auf. Versuchen Sie es mit unsichtbarem Nylongarn als Oberfaden, es passt zu allen Stoffen.

Stiche Nähen Sie entweder im freien Vorstich oder im freien Zickzackstich auf der Stelle.

Fuss Ein Nähfuss ist nicht nötig, aber Sie können den Stopffuss nehmen, wenn Ihre Maschine besser mit Fuss arbeitet.

Brennen
Die Saumzugabe liegt auf der rechten Seite des Stoffes. Schneiden Sie die Saumzugabe auf die gewünschte Form zu. Mit Streichhölzern, einem Feuerzeug oder einer anderen leicht zu handhabenden Flamme werden die Kanten des Stoffes angesengt. Auf diese Weise werden die Kanten versiegelt und können sich nicht mehr auftrennen. Vielleicht können Sie auch kontrolliert Löcher in den Stoff brennen.

Blasen
Die Blasenwirkung auf dem Nylon-Organza erreicht man, indem der Stoff in einiger Entfernung zu einer Flamme oder Hitzequelle gehalten wird. Achten Sie darauf, dass der Stoff nicht zu nah an die offene Flamme oder an eine zu heisse Hitzequelle gerät, da sonst Löcher entstehen. Bei dieser Arbeitsprobe wurden zwei Stofflagen anschliessend im freien Vorstich bestickt und mit überwendlichem Stich auf ein Hintergrundmaterial genäht.

Vorbereitung Spannen Sie den Hintergrundstoff in den Rahmen. Markieren Sie Ihren Entwurf auf dem Hintergrund, und zeichnen Sie die Bereiche ein, die mit Rüschen gefüllt werden sollen. Legen Sie den Stoff auf die markierten Bereiche, und ziehen Sie ihn in kleine Falten.

Das Nähen Legen Sie den Rahmen unter die Nadel, senken Sie die Presserstange. Nähen Sie im freien Vor- oder Zickzackstich auf der Stelle, befestigen Sie den aufgelegten Stoff auf dem Hintergrundstoff.

Manipulieren Sie den aufgelegten Stoff beim Nähen mit Ihren Fingern. Heben Sie die Presserstange, wenn Sie von einer Stelle zur nächsten gehen. Senken Sie die Presserstange jedesmal, wenn genäht wird. Die Fäden zwischen den Stichen können so bleiben, wie sie sind. Sie sind dann Teil der Verzierung. Man kann sie auch nah bei den Stichen abschneiden, oder man kann sie abschneiden und auf die Rückseite des Stoffes ziehen, wo sie verknotet werden.

Wenn die Falten noch kleiner sein und näher beieinander liegen sollen, wird der Rahmen entfernt. Sie können dann von Hand mit einem Stechstich rüschen: Bringen Sie die Nadel durch den Stoff nach oben, und führen Sie sie nah bei derselben Stelle wieder nach unten; führen Sie die Nadel unter dem Hintergrundstoff zur nächsten Stelle, und fahren Sie auf diese Weise fort.

Rüschen
Für Rüschen werden etwa 10 Stiche auf der Stelle genäht, bevor der Rahmen weitergeschoben wird. Fahren Sie fort, bis der Entwurf fertiggestellt ist.

Mit der Automatik rüschen

Diese Technik unterscheidet sich von der freien Maschinenarbeit dadurch, dass die Rüschen in Streifen hingelegt werden. Der Stoff wird zu Falten zusammengeschoben. Dann wird im automatischen Geradstich oder Zickzackstich über die Gesamtlänge des gefälteten Streifens genäht. Der Fuss befindet sich an der Maschine.

Wenn Sie die Naht zu einem Bestandteil des Stückes machen wollen, können Sie parallele Stichreihen nähen, die dicht beieinander über die Rüschen verlaufen. Wenn die Rüschen das Wichtigste sind, sollten Sie viel Raum zwischen den Stichen lassen.

Stoffe Als Hintergrundmaterial verwenden Sie einen mittelschweren bis schweren Stoff. Verwenden Sie weiche, leichte Stoffe für die Rüschen.

Garne Maschinenstickgarne oder Nähgarn Nr. 50.

Stiche Automatischer Gerad- oder Zickzackstich.

Variation

Stärken Sie den zu rüschenden Stoff mit einem Stärkeprodukt. Drücken Sie viele Falten in den Stoff, und lassen Sie ihn natürlich trocknen. Wenn der Stoff trocken ist, behält er seine Form bei. Befestigen Sie den gestärkten Stoff mit der automatischen Rüschtechnik, die bereits beschrieben wurde, auf dem Hintergrundmaterial.

Elastisches Kräuseln mit automatischen Stichen

Stoffe lassen sich auch fälteln, indem man einen Gummifaden auf die Spule wickelt und dann über den Stoff näht. Der Gummifaden muss leicht gedehnt werden, wenn er auf die Spule gewickelt wird, und die Unterfadenspannung sollte leicht reduziert werden. Als Oberfaden verwenden Sie Nähgarn. Sehr leichte, dünne Stoffe bilden weiche Falten. Verwenden Sie automatischen Gerad- oder Zickzackstich, um beim Nähen Falten zu legen.

Versuchen Sie einmal, eine wasserlösliche Spitze für Manschetten oder als strukturierte Wirkung auf einem Bild zu verwenden. Um eine Steppwirkung zu erzielen, legen Sie das gefältete Stück auf den Hintergrundstoff, der mit einem Stück Füllstoff unterlegt ist. Nähen Sie die Falten mit Gerad- oder Zickzackstichen fest, und steppen Sie das Stück. Eine dritte Möglichkeit besteht darin, erst in eine Richtung zu nähen und dann weitere Stiche rechtwinklig hinzuzufügen. Auf diese Weise entsteht ein interessanter Kräuseleffekt.

Rüschen mit Automatikstichen. Verschieden breite Stoffe werden auf den Hintergrundstoff gelegt. Der Stoff wird beim Nähen unter der Nadel gezogen und in Falten gelegt.

Plastische Wirkungen auf Stoff

Um einen Blaseneffekt zu erzeugen, werden Kreise auf dem Stoff markiert. Mit einem automatischen Geradstich und langer Stichlänge wird um die Kreise herum genäht, wobei lange Fadenendstücke hängenbleiben. Wenn Sie um alle Kreise herumgenäht haben, wird der Oberfaden jedes einzelnen Kreises gezogen, so dass ein Bausch entsteht. Füllen Sie jeden Bausch von hinten mit etwas Füllwatte aus Polyester. Weicher, dehnbarer Stoff ist für diese Technik besonders geeignet, ebenso Musselin, Seide, Satin, Samt, Jersey oder Material für feine Unterwäsche.

Sie können dieses Thema auch variieren: Man kann durchsichtige Stoffe verwenden und die Bäusche mit Stücken gefärbter Füllwatte füllen. Versuchen Sie, Blasen aus gerüschten Stoffen herzustellen, oder machen Sie mit der Maschine einige Stickstiche innerhalb der Kreise.

Plastische Wirkungen auf Stoff
Nähen Sie mit langen Heftstichen Kreise auf einen transparenten Stoff, und ziehen Sie dann an den Fäden, so dass Bäusche entstehen. Anschliessend werden die Kreise mit Füllwatte, die in vielen Farben gefärbt wurde, gefüllt.

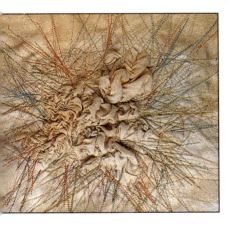

Elastische Kräuselung
Mit einem Gummifaden wird ein Stoff gekräuselt und anschliessend auf ein grösseres Stück Stoff gelegt. Die beiden Stoffe werden im automatischen Geradstich zusammengenäht.

Stickerei auf Papier, auf Kunststoff und anderen künstlichen Materialien

Um eine besondere Wirkung zu erzielen, kann man auch dünne Kunststoffe besticken, ebenso Papierprodukte. Von Hand hergestellte Papiere können sehr stark und steif sein und sind für das freie Maschinensticken oder das automatische Sticken geeignet. Durch Papier werden die Nadeln jedoch stumpf, daher müssen sie häufig gewechselt werden. Versuchen Sie es mit Luftpolsterfolie, Kunststoffolie oder Vinyl. Um diese Arten von Materialien zu besticken, muss man möglicherweise einen Walzen- oder Teflonfuss benutzen, der das Material glättet.

Schwere Einlagen zum Einnähen können ebenfalls als Stoff für das Maschinensticken oder für Applikationsarbeiten benutzt werden. Applikationen lassen sich mit einer Einlage sehr leicht arbeiten: Da der Stoff nicht franst, müssen die Musterstücke nur mit einer Stichreihe aufgenäht werden. Grosse Fahnen oder Projekte für Kinder kann man ausschliesslich aus Einlagen herstellen, die Farbe sehr gut annehmen. Wenden Sie Sprays sparsam an. Ein zu starker Auftrag würde die Einlage zu steif machen. Da Färbemittel nicht gleichmässig aufgenomm

Automatischer Geradstich auf Verpackungsmaterial aus Kunststoff.

werden, kann man mit diesen Mitteln eine gesprenkelte Wirkung erzielen.

Einlage für Vorhangstoff ist eine ausgezeichnete Grundlage für das Sticken. Da das Material sehr steif ist, können freie Maschinenstiche sowie Automatikstiche ohne Rahmen genäht werden. Der Satinstich, mit Maschinenstickgarnen ausgeführt, bedeckt den Stoff ausgezeichnet, und Sie werden feststellen, dass die Steifheit es Ihnen gestattet, den Stoff leicht zu manövrieren, so dass elegante Kurven im Satinstich entstehen.

Freie Maschinenarbeit auf Schichten aus Nylon-Organza und Leder mit einer Unterschicht aus Kunststoffschaum.

Entwürfe für das Maschinensticken

Durch Praxis und Erfahrung kann man zur Expertin für Sticktechniken auf Nähmaschine werden. Damit das Endresultat jedoch möglichst perfekt ist, muss die Technik mit guten Entwürfen und ansprechender Farbkoordination kombiniert werden. Dieses Kapitel enthält einige Vorschläge, aber es lohnt sich auch, sich in den vielen, ausgezeichneten Büchern über Design zu informieren, wenn Sie noch keine Möglichkeit hatten, ein gutes Gefühl dafür zu entwickeln.

Das Maschinensticken ist eine Kunstform, und eine Zutat für den Erfolg in diesem Bereich ist das Kultivieren des künstlerischen Bewusstseins: Betrachten Sie Gemälde, Anzeigen und Illustrationen, die Ihnen auffallen. Versuchen Sie zu analysieren, warum gerade ein bestimmtes Werk Sie anspricht – es könnte die überraschende Farbmischung sein, ein starker Konzentrationspunkt, der das Auge anzieht, oder das interessante Thema.

Wenn Sie eigene, individuelle Entwürfe entwickeln, sollten Sie das aktuelle Design von Stoffen, Mode, Bodenfliesen, Zeitschriften und so weiter beachten. Eine Designidee aus den vierziger Jahren wird bestimmt altmodisch aussehen, es sei denn, sie wurde für einen bestimmten Zweck ausgewählt.

Eine Stickerin, die keine umfassende Kunstausbildung hat, wird möglicherweise durch die Vorstellung, zu zeichnen oder Ideen zu Papier zu bringen, eingeschüchtert. Entwürfe für Stickarbeiten müssen jedoch keine genaue Darstellung der Natur oder von Objekten sein. Manchmal ist es am besten, einen kleinen, interessanten Bereich des Themas zu isolieren. Wenn Sie dies tun, wird das Entwerfen viel leichter.

Manche Entwurfskonzepte sind erfolgreicher als andere. Die Erfolgsrate hängt teilweise davon ab, welchen Zweck die fertige Arbeit erfüllen soll. Ein Entwurf mit Wiederholungen kann auf einem Kleidungsstück, einer Tischdecke oder einem Quilt erfolgreicher sein als in einem Bild, denn derartige Entwürfe haben keinen Mittelpunkt oder Konzentrationspunkt.

Der Entwurf für dieses Bild mit Katzen, die neugierig durch das Blattwerk schauen, wurde von Rosemary Graver entworfen und mit Bügelfarben auf den Hintergrundstoff übertragen. Als Stiche wurden der freie Vorstich, das freie Fadenlegen und Vorstiche von Hand gearbeitet.

Designideen entwickeln

Beginnen Sie mit einem Objekt oder Thema, das Sie persönlich interessiert. Für mich war der kanadische Winter eine Inspirationsquelle. Eine Möglichkeit, dieses Thema zu entwickeln, ist, Wortbilder zu schreiben, die durch Gedichte und Geschichten über den Winter angeregt wurden. Diese Wortbilder fördern viele unterschiedliche Sichtweisen, aber es ist auch hilfreich, visuelles Material zu sammeln, beispielsweise Postkarten, Fotos oder Gemälde. Szenen und Stimmungen, die sie hervorgerufen haben, vergisst man leicht, daher sollten Sie sich ein Notizbuch anlegen, in dem Sie die Wirkung der Jahreszeiten oder von Wetterbedingungen auf das Thema, das Ihr Interesse geweckt hat, aufschreiben. Vermerken Sie die Farben, Strukturen, Formen und Gefühle.

Diese Übungen sollten Ihnen helfen, Ihre Beobachtungen in graphische Darstellungen zu übertragen. Finden Sie Möglichkeiten, Gedanken und Worte auf Papier bildlich darzustellen. Versuchen Sie zu zeichnen, malen Sie mit Aquarellfarben oder Tempera, reissen oder schneiden Sie buntes Papier in beliebigen Formen zu, und kleben Sie sie auf ein Blatt Papier – experimentieren Sie mit allen Mitteln, die Ihnen zugänglich sind oder die Sie gut handhaben können.

Wenn Sie Ihre Eindrücke in das gewählte Ausdrucksmittel übersetzt haben, suchen Sie sich einen Ausschnitt, der Sie am meisten interessiert. Isolieren Sie diesen speziellen Bereich, indem Sie ihn neu zeichnen oder durchpausen und alles, was ihn umgibt, entfernen. Das Thema könnte ein Zweig sein, der Ast eines Baums oder eine interessante Hervorhebung von Schatten oder Farbe. Probieren Sie einige Designideen nach persönlichen Fotos, Nahaufnahmen von Objekten oder Zeitschriftenlayouts aus. Schneiden Sie sich Schablonen zurecht, und tüpfeln oder sprayen Sie bestimmte Bereiche in Farben, die mit dem Thema harmonieren. Bei der Wahl von Stoffen, Garn oder anderen Materialien lautet das Ziel, die gewünschten Strukturen, Gefühl, Farben und Formen zu übermitteln. Sie können beispielsweise die Möglichkeiten von Verpackungsmaterial aus Kunststoff, Luftpolsterfolie, Kunststoffolie oder Papier untersuchen. Mit diesen Materialien könnte man Arbeitsproben von Designideen, die entstanden sind, kreieren. Bei all Ihren Experimenten sollten Sie versuchen, das Farbgleichgewicht, die Strukturen und das Gefühl der ursprünglichen Ideen wiederzugeben.

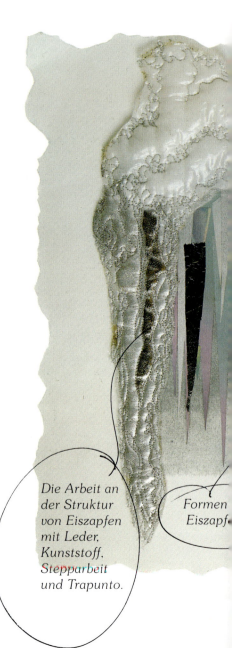

Ein Arbeitsblatt für eine Winterszene, das Inspirationsquellen und erste Arbeitsproben zeigt.

Die Arbeit an der Struktur von Eiszapfen mit Leder, Kunststoff, Stepparbeit und Trapunto.

Formen Eiszapf...

Formwiederholungen

Wiederholungen können bei grossen Stickarbeiten (Quilts, Tischdecken usw.) sehr effektvoll genutzt werden. Derselbe Entwurf kann in vergrösserten und verkleinerten Versionen verwendet werden.

Rechteckige Wiederholungsmuster

Schneiden Sie ein rechteckiges Fenster in eine Karte. Legen Sie diese auf verschiedene Teile der Ideenquelle, bis Sie einen Bereich finden, der Sie interessiert. Zeichnen Sie den isolierten Bereich auf einem Blatt Papier auf, oder pausen Sie ihn durch. Machen Sie mehrere Kopien von diesem Ausschnitt (am schnellsten geht dies mit einem Fotokopierer). Mit Kohlepapier kreieren Sie Spiegelbilder von diesem Entwurf.

Schneiden Sie die isolierten Formen aus, und versuchen Sie, sie zu einem Rechteckmuster zusammenzulegen. Wechseln Sie die Bilder ab, drehen Sie sie auf den Kopf, legen Sie sie verkehrtherum auf, oder legen Sie das Spiegelbild neben das Original, bis eine Anordnung entsteht, die Ihnen gefällt. Eine Weiterentwicklung wäre, diese Anordnung als einzelnes Bild zu behandeln und weitere Kopien anzufertigen und dann die kombinierten Bilder in einer grösseren Komposition miteinander zu verbinden.

Wiederholungsmuster in Kreisform

Zeichnen Sie mit einem Zirkel einen Kreis in beliebiger Grösse. Ohne den Zirkelabstand zu verändern, setzen Sie den Zirkel auf irgendeinem Punkt des Kreises auf und zeichnen die beiden Schnittpunkte auf dem Kreis auf. Gehen Sie jetzt mit dem Zirkel zu einem dieser Schnittpunkte, und machen Sie zwei weitere Schnittpunkte. Fahren Sie fort, bis auf dem Kreis sechs Schnittpunkte vorhanden sind. Zeichnen Sie vom Mittelpunkt eine gerade Linie zu jedem der sechs Schnittpunkte. Es entsteht ein Kreisentwurf mit sechs Dreiecken.

Schneiden Sie eins dieser Dreiecke aus, und verwenden Sie es, wie bei der Rechteckmethode beschrieben, als Fenster. Suchen Sie ein interessantes Dreieck auf der Entwurfsquelle, und pausen Sie die Form wie beschrieben durch. Ordnen Sie Kopien der Pause in einem Kreis an.

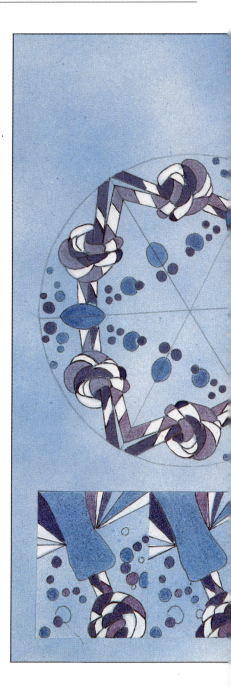

Eine Reihe von Designexperimenten zeigt die Schaffung rechteckiger und kreisförmiger Wiederholungsmuster.

Entwürfe nach Fotos

Die meisten von uns besitzen Lieblingsfotos, Schnappschüsse aus dem Urlaub oder Studien von Themen, die von besonderem Interesse sind. Es ist egal, ob Sie ein vorhandenes Foto verwenden oder ein Thema, das Designmöglichkeiten bietet, fotografieren. Alle Fotos lassen sich zu Entwürfen verarbeiten.

Wählen Sie das Foto (oder mehrere), das Sie verwenden wollen. Schneiden Sie sich ein Fenster in einer passenden Form – Kreis, Quadrat, Rechteck oder Dreieck – zurecht. Mit einer der Techniken für Wiederholungsdesigns wird der gewünschte Teil des Fotos isoliert. Anschliessend wird das Thema vereinfacht. Entwickeln Sie den Entwurf wie bei der Technik der Wiederholungsentwürfe.

Dieser Entwurf von Penny Butterworth entstand ursprünglich nach einem Foto von einem Bachdurchlass. Es wurde vereinfacht und zu einem Wiederholungsmuster zusammengesetzt. Die Arbeit ist in umgekehrter Applikation im Satin- und Zickzackstich gearbeitet.

Entwürfe
mit ausgeschnittenen Papierformen

Für eine sehr einfache Designmethode wird Papier in ansprechende Formen geschnitten. Es macht mehr Spass, wenn Sie für diesen Zweck das Papier bedrucken, besprühen oder färben. Diese Formen werden dann zu einer Collage angeordnet, so dass ein Entwurf entsteht. Diese Methode eignet sich besonders gut für Entwürfe für Applikationsarbeiten, Stoffkreationen oder Quilts.

Schneiden Sie aus den farblich passenden Papieren Formen aus, und kleben Sie die Stücke auf ein Blatt Papier. Wenn der gewünschte Entwurf mit einer interessanten Farbmischung vorliegt, können Sie ihn auf den Stoff übertragen.

Eine Auswahl an zugeschnittenen Papierstücken wurde auf ein Hintergrundpapier geklebt, so dass eine Entwurfsidee für eine kirchliche Stickarbeit entstand. Um die Stickarbeit herzustellen, heftete Beryl Tucker sechs Stoffschichten zusammen. Der Entwurf wurde auf eine Papiereinlage übertragen und auf die Stoffschichten gelegt. Dann wurden alle Entwurfslinien mit der Maschine nachgenäht. Die Einlage wurde weggerissen, und die passenden Stoffschichten wurden sorgfältig weggeschnitten. Die handgearbeitete Kordeln sind im engen Satinstich entlang den Entwurfslinien aufgenäht.

Struktur mit Garn kreieren

Mit Maschinensticken lassen sich wunderbare Strukturen und plastische Wirkungen erzielen. Es kann Schwierigkeiten bereiten, sich vorzustellen, welche Effekte sich herstellen lassen, wenn man die bunte Mischung an Maschinenstickgarnen in den Geschäften sieht. Erst wenn die Garne nebeneinander aufgenäht werden, kann man die Unterschiede leicht feststellen. Struktur und Dimension lassen sich mit dicken und dünnen Garnen zusammen mit matten und glänzenden Garnen erzielen.

Durch Experimente entwickelt man ein Vokabular an Garn- und Stichtechniken. Versuchen Sie es mit einer Auswahl an Stichen, mit unterschiedlichen Einstellungen der Fadenspannung und verschiedenen Garnen: Die daraus entstehenden Arbeitsproben zeigen, wann und wo ein Garn oder eine Stichtechnik in einer Arbeit angewendet werden kann. Experimentieren Sie mit möglichst vielen Stichtechniken, um zu entdecken, wie viele Strukturen sich herstellen lassen. Arbeiten Sie mit unterschiedlichen Garnen/Stichen auf ungewöhnlichen Stoffen und Papieren. Kreieren Sie eigene Stoffe mit den beschriebenen Techniken, und fügen Sie Garne und Stiche hinzu, so dass zusätzliche Strukturen und neue Reize entstehen.

In gewisser Weise ähnelt dies dem Erlernen einer fremden Sprache – Sie müssen Vokabeln lernen, bevor Sie die Sprache richtig anwenden können.

Mehr Struktur

Das Maschinensticken ist ein Medium, bei dem eine starke Wechselbeziehung zwischen Stichen und Hintergrundmaterial besteht. Daher ist die Beziehung von Garn und Hintergrundstoff von besonderer Bedeutung. Wählen Sie einen Stoff, der gut zu der gewählten Technik und den Garnen passt. Die Maschinenstickerei kann sehr flach erscheinen, aber dies wird mehr als ausgeglichen, wenn spezielle Techniken verwendet werden.

Die folgende Aufzählung führt einige Techniken auf, die einer Stickarbeit zusätzlich Struktur und Tiefe geben können: Steppen, Patchwork, Trapunto, Färben, italienische Kordelarbeit, Stoffschichten, Stoffbearbeitung, Applikationen, umgekehrte Applikationen und Handsticken.

All diese Techniken wurden in den anderen Kapiteln ausführlich beschrieben.

Wenn sie geschickt eingesetzt werden, entstehen Höhe, Tiefe und Struktur.

*Stoffe wurden in Schichten angeordnet und dann mit vielen verschiedenen Garnen verziert, um den winterlichen Eindruck von **Eisengel** zu schaffen.*

Farbe

Durch unsere visuellen Sinne werden wir ständig angeregt: Licht und Farbe wirken von allen Seiten auf uns ein. Emotionen werden durch Farben auf vorhersehbare Weise erregt; ein Teil dieser Stimulation ist erlernt, ein Teil instinktiv. Fachleute, die sich mit dem Marketing beschäftigen, untersuchen die Psychologie der Farbe, um Farben für Verpackungsmaterial auszuwählen. Damit wir angeregt werden, Produkte zu kaufen, werden die Waren in Farben gewickelt, die wir auf positive Weise mit dem angebotenen Produkt in Verbindung bringen.

Über die Jahrhunderte hinweg wurden wir konditioniert, auf bestimmte Farben zu reagieren, aber diese Farbreaktionen unterscheiden sich von Kultur zu Kultur. So wird in der westlichen Kultur Schwarz beispielsweise mit Trauer oder Traurigkeit in Verbindung gebracht, während Weiss für Glück, Reinheit und Hochzeit steht. In Asien gilt das Umgekehrte: Weiss ist die Farbe, die Trauer und Traurigkeit darstellt.

Rot ist am häufigsten die Farbe, die Zorn, Hass, Feuer und Gefahr anzeigt. Blau signalisiert Frieden und Kühle. Wir alle reagieren auf Farben, daher ist es für die Stickkünstlerin wichtig, Farben zu verstehen und zu wissen, wie sie positiv wirken können.

Die Farbmischung

Eine Farbe kann sehr unterschiedlich wirken. Dies hängt davon ab, ob sie isoliert betrachtet wird oder neben einer anderen Farbe steht. Unsere Augen mischen die Farben. Seit langem weiss man, dass die drei Primärfarben das ganze Farbspektrum hervorbringen können. So sehen wir im Fernsehen alle vorstellbaren Farben, obwohl der Schirm nur rote, grüne und blaue Punkte, die Primärfarben, zeigt, denn die Farben werden in unseren Augen gemischt. Der Farbdruck auf Postkarten und in Zeitschriften basiert auf denselben Grundsätzen. Mit einer Lupe kann man die gedruckten Punkte in den Primärfarben sehen, wobei Schwarz zum Abtönen hinzugefügt wird.

Diese Prinzipien sind auch für die Stickerin verfügbar. Die Mischung von farbigen Garnen und Stoffen lässt sich mit dem Mischen von Farben auf der Palette des Malers vergleichen. Die vielen Tonvariationen von Garn und Stoff bieten eine ungeheure Vielfalt für die Stickkünstlerin. Für die Stickerin ist es genauso wichtig wie für den Maler, sich der Farbe bewusst zu sein und für jede Komposition eine Farbgebung zu planen.

111

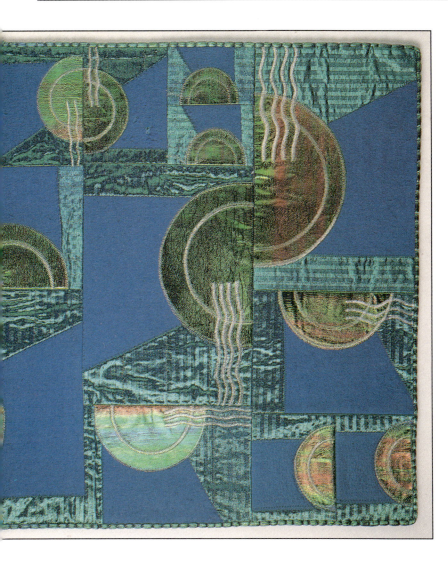

Penny Butterworth hat dieses Bild mit Applikationen und Zickzackstich gearbeitet. Früher hiess es einmal, dass Grün und Blau nicht nebeneinanderstehen sollten, aber wenn die Proportionen und Farbtöne gut gewählt werden, kann die Mischung verblüffend aussehen.

Farbproportionen

Den Künstlern, die vor uns gelebt haben, verdanken wir viel. Sie haben viele Jahre damit verbracht, Farben zu studieren. Ein Besuch in einer Kunstgalerie illustriert anschaulich, wie viele Farbkombinationen es gibt. Betrachten Sie ein paar Gemälde genauer: Beachten Sie die Menge der jeweiligen Farbtöne und Schattierungen im Vergleich zu allen anderen Farben in der Komposition – die Farbproportionen also.

Eine interessante Übung ist die Herstellung einer Tabelle der Farbproportionen von einem Lieblingswerk. Die Tabelle ist eine wertvolle Hilfe beim Verstehen von Farbproportionen und -gleichgewicht, wenn es darum geht, eigene Arbeiten zu entwerfen.

Eine Tabelle für Farbproportionen

Um eine derartige Tabelle herzustellen, braucht man ein längliches Rechteck aus weissem Papier oder Karton. Während Sie ein Gemälde sorgfältig studieren, versuchen Sie die beobachteten Farben und Töne zu isolieren und zu kopieren. Schätzen Sie, welche Farbmenge eines Tons jeweils vorhanden ist. Geben Sie jede Farbe in etwa denselben Proportionen, wie sie in der Bildquelle vorhanden sind, auf das Rechteck. Wenn alle Farben aufgetragen wurden, ist die Tabelle vollständig.

Es ist nützlich, einen Vorrat an handbemalten Papieren für Entwürfe zu haben. Auf diese Weise kann man feststellen, wie interessante Farben wirken, wenn man sie nebeneinanderstellt.

Die Tabelle der Farbproportionen kann verwendet werden, um eine Stickerei mit denselben Farbproportionen zu kreieren.

Angst vor Farben

Wenn Sie die Werke der alten Meister und der modernen Maler eingehend betrachten, werden Sie feststellen, dass die sogenannten «Regeln» für das Farbenmischen schon lange nicht mehr befolgt werden. Ein Blick auf die Vielfalt und Schönheit der Farben in der Natur zeigt uns sofort, dass es keine Regeln gibt. Diese Tatsache sollte allen die Angst nehmen, beim Experimentieren mit Farben eine falsche Wahl zu treffen. Verwenden Sie Farben so frei, wie es Ihnen in den Sinn kommt.

Die Farbe in der Maschinenstickerei

Starker Kontrast zwischen Garn und Stoff ist nicht unbedingt ein Vorteil. Kontraste, beispielsweise Schwarz auf Weiss, können wie in einem Zeichentrickfilm wirken, weil es ihnen an Tiefe fehlt. Es ist im allgemeinen viel wirkungsvoller, Farben zu verwenden, die mit dem Hintergrund harmonieren. Eine einzelne Farbe in einem Bereich kann ebenfalls sehr flach wirken, daher ist es besser, eine Reihe von Garnen zu verwenden, die gut zusammenpassen. Abwechslungsreiche Garne können ebenfalls das Gefühl von Dimension geben.

Diese Tabelle für Farbproportionen wurde von Rosemary Graver als Grundlage für das Bild auf Seite 101 verwendet.

Mit dem Farbpinsel marmorieren

Die meisten Stoffe müssen für das Färben vorbereitet werden. Baumwollstoffe kann man in recht heissem Wasser waschen, aber für Seide und Wolle ist kälteres Wasser und ein mildes Waschmittel empfehlenswert. Durch das Waschen wird die Appretur entfernt.

Eine grosse Zahl persönlicher Experimente mit Färbetechniken hat zu einer Methode geführt, die ziemlich schnell und leicht durchzuführen ist und einen farbechten Stoff ergibt.

Bei dieser Methode entsteht ein Marmoreffekt. Man braucht dazu einen Malerpinsel, mit dem das Färbemittel aufgetragen wird. Auf diese Weise lässt sich in einem Arbeitsgang eine recht grosse Menge marmorierter Stoffe herstellen.

Für das Färben werden Deka-Seidenfarben verwendet. Diese Farben sind für Seide, Seidenersatzstoffe (synthetische Stoffe) und für die meisten Baumwollstoffe geeignet.

Als erstes deckt man die Arbeitsfläche mit einer Kunststoffplane ab. Tauchen Sie den Stoff ins Wasser, und wringen Sie überschüssiges Wasser aus. Anschliessend legen Sie den Stoff auf die Kunststoffplane. Deka-Seidenfarben sind, wenn sie nach der Anleitung des Herstellers angerührt werden, sehr intensiv, aber sanftere Töne lassen sich erzielen, wenn man das Färbemittel in Wasser verdünnt. Fügen Sie einfach Wasser hinzu, bis der gewünschte Farbton erreicht ist.

Mit einem 5 bis 10 cm breiten Pinsel wird die Farbe auf den Stoff gegeben. Es können mehrere Farben aufgetragen werden. Sie sollten ein Sprühgerät zur Hand haben, damit Sie den Stoff mit Wasser besprengen können, wenn er trocknet. Besonders Baumwolle neigt dazu zu trocknen, bevor die ganze Farbe aufgetragen ist, was die Ausbreitung der Farbe verhindert.

Wenn die Farbe aufgetragen ist, können Sie dem Stoff einen gesprenkelten Effekt verleihen, indem Sie Salz auf den noch nassen Stoff streuen.

Lassen Sie den Stoff natürlich trocknen. Abhängig vom Gewicht des Stoffes kann dies einen bis drei Tage dauern.

Egal welches Färbemittel Sie verwenden, müssen Sie immer die Anweisungen des Herstellers zum Fixieren der Farbe befolgen. Deka-Seidenfarben lassen sich durch das Bügeln des Stoffes mit einem heissen, trockenen Bügeleisen fixieren, aber versuchen Sie nicht, die Farbe zu fixieren, bevor der Stoff völlig trocken ist. Mit dieser Methode lassen sich leicht fünf bis sechs Meter Stoff auf einmal färben.

Der Seidenstoff wurde auf eine Kunststoffplane gelegt und mit einem normalen Malerpinsel bemalt.

Strukturelle Effekte mit Färbemittel auf Stoff

Manchmal wird die Phantasie angeregt, wenn man ein Stück Stoff zuerst bedruckt oder färbt, statt ein schlichtes Stück Stoff zu besticken. Viele attraktive Entwürfe ergeben sich, wenn man alltägliche Objekte als Stempel benutzt, um dem Stoff besonderen Reiz zu verleihen. Nachfolgend ist eine kleine Auswahl aus unzähligen Möglichkeiten aufgeführt.
- Garnrollen/Spulen
- Schwämme mit unterschiedlicher Struktur
- Zahnbürste – für Spezialeffekte
- Korken
- Kartoffeln – sie werden halbiert und anschliessend werden verschiedene Muster hineingeschnitzt
- Holzwürfel
- zusammengeknüllte Stoffe – Tüll, Tweed, Strickstoffe usw.
- Pfeifenputzer – zu verschiedenen Formen gebogen
- Seil oder Schnur
- Nagelköpfe – in Blocks
- Malpinsel

Jeder Stoff, der Farbe annimmt, ist geeignet. Versuchen Sie es mit Deka Permanent, Pelikan-Design-Stoffmalfarbe, Javana-Seidenmalfarbe oder Serticolor-Seidenmalfarbe, aber experimentieren Sie auch mit anderen Färbemitteln. Denken Sie daran, dass die Färbemittel dickflüssig sein müssen und nicht dünn verlaufen sollten.

Um die Arbeitsfläche zu schützen, wird sie mit Plastikfolie abgedeckt, bevor man mit dem Färben beginnt.

Vielleicht haben Sie den Hintergrundstoff schon vorher nach eigenen Wünschen gefärbt, man kann aber auch einen fertig gekauften farbigen Stoff verwenden. Wenn Sie den Stoff auf der Arbeitsfläche ausgebreitet haben, können Sie ein Muster durch Klecksen, Stempeln, Malen, Rollen, Spritzen oder Pinseln auftragen, um nur einige Möglichkeiten zu nennen. Damit eine verschwommene Wirkung entsteht, wird Wasser über den Entwurf gesprüht.

Lassen Sie den gefärbten Stoff langsam trocknen, oder verwenden Sie einen Fön, wenn es schneller gehen soll. Fixieren Sie die Farbe mit einem heissen, trockenen Bügeleisen, damit der Stoff sich waschen oder reinigen lässt. Beim Bügeln legen Sie ein Tuch unter und über den Stoff. Bevor Sie fixieren, sollten Sie die Anleitung des Herstellers lesen.

1 Mit einem Schwamm wird ein Färbemittel zum Aufmalen auf den Seidenstoff aufgetragen. Schneiden Sie für die Maschinenstickerei Löcher in den Stoff.

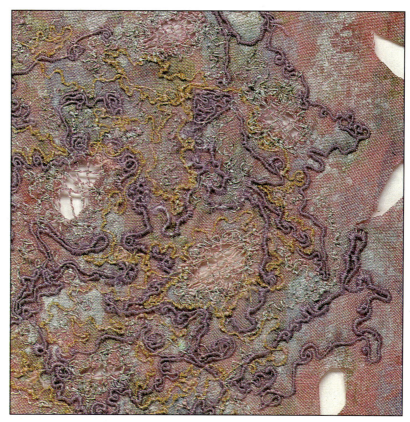

2 Arbeiten Sie im überwendlichen Stich und folgen Sie dabei dem Fluss der Farbe. Arbeiten Sie im freien Vorstich über die Löcher, so dass eine Spitzenfüllung entsteht.

Einen Entwurf auf Stoff übertragen

Es gibt keine genau festgelegten Regeln für das Übertragen eines Entwurfs auf Stoff. Unterschiedliche Stoffe und auch unterschiedliche Stickmethoden können bestimmte Übertragungsmöglichkeiten notwendig machen. Bei manchen Stücken kann es nötig sein, den Entwurf ganz akkurat zu übertragen, während dies bei anderen nicht der Fall ist.

Bei einigen freien Maschinentechniken ist ein Übertragen des Entwurfs überhaupt nicht nötig: Bei diesem Stickstil kann man die Nadel wie einen Stift einsetzen, um den Entwurf mit Stichen direkt auf den Stoff zu übertragen.

Das Durchpausen perforierter Muster

Dies ist eine der ältesten Methoden für die Übertragung eines Entwurfs. Sie wird angewendet, wenn ein Entwurf sehr genau auf einen fein strukturierten Stoff übertragen werden muss. Im allgemeinen ist diese Methode für grob strukturierte oder flauschige Stoffe nicht geeignet.

Zeichnen Sie den Entwurf auf Pauspapier. Befestigen Sie eine Nadel – 60 (8) – an der Maschine, aber fädeln Sie den Faden nicht ein. Stellen Sie die Stichlänge etwas kürzer als für den normalen Geradstich ein.

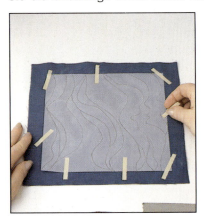

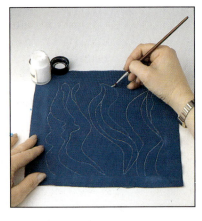

1 Haben Sie das Muster mit der Maschine durchstochen, legen Sie das Muster auf den Stoff. Achten Sie darauf, dass das Muster sich nicht verschiebt, wenn das Pulver aufgetragen wird, damit die Linien nicht verwischen.

2 Tauchen Sie das Ende des aufgerollten Kissens in das Pauspulver. Reiben Sie mit dem gepuderten Ende leicht über die durchstochenen Linien auf dem Papier.

3 Heben Sie das Papier vorsichtig vom Stoff ab. Mit einem sehr feinen Pinsel malen Sie mit den auf Seite 115 empfohlenen Stoffarben über die Pulverlinien.

Dann nähen Sie über die Entwurfslinien. Dabei ist der Transporteur oben und der normale Nähfuss unten. Gehen Sie immer nur einmal über jede Linie. Es ergibt sich ein Papiermuster mit feinen Löchern in regelmässigem Abstand.

Fertigen Sie ein Pauskissen an, indem Sie ein Stück Filz oder einen anderen weichen Stoff von etwa 10 cm Breite zu einer Wulst von etwa 3 cm Durchmesser aufrollen. Sichern Sie das Ende mit einigen Stichen, damit die Rolle nicht auseinandergeht.

Abhängig davon, ob der Stoff hell oder dunkel ist, sollten verschiedene Pulver verwendet werden. Wenn spezielles Pauspulver nicht erhältlich ist (fragen Sie in einem Geschäft für Künstlerbedarf nach), kann man Holzkohlepulver, Schneiderkreide oder Körperpuder verwenden. Ausserdem brauchen Sie einen feinen Pinsel und Stofffarben.

Die Übertragung eines Entwurfs mit Bügelfarben

Diese Farben werden aufgebügelt. Sie sind leicht anzuwenden und in vielen Farben erhältlich. Zeichnen Sie Ihren Entwurf zuerst auf Zeichenpapier. Wenn die Farbe trocken ist, wird das Papier mit der bemalten Seite nach unten auf den Stoff gelegt, auf den der Entwurf übertragen werden soll. Legen Sie einen zweiten Bogen Papier über das Transferpapier, und bügeln Sie mit einem sehr heissen, trockenen Bügeleisen über den Entwurfsbereich. Befolgen Sie dabei die Anleitungen des Herstellers. Auf diese Weise entsteht ein Stoff, der sich waschen und reinigen lässt. Derselbe Entwurf kann vier- bis fünfmal benutzt werden, obwohl die Farbe gegen Ende blasser wird.

Die Übertragung eines Entwurfs mit Schablonen

Schablonen sind am erfolgreichsten auf Stoffen mittleren bis schweren Gewichts. Schneiden Sie Muster aus festem Karton oder speziellem Schablonenpapier mit einem scharfen Teppichmesser aus. Mit doppelseitigem Klebeband wird die Schablone auf dem Stoff befestigt, anschliessend kann die Farbe mit einem Schablonenpinsel oder einer Spritzpistole aufgetragen werden. Man kann auch ausgewählte Bereiche mit Hilfe einer Zahnbürste mit Farbe bespritzen. Wenn die Farbe getrocknet ist, wird sie nach Anleitung des Herstellers fixiert.

Schablonen lassen sich auch aus einer durchsichtigen Klebefolie herstellen. Der Entwurf wird, wie oben beschrieben, ausgeschnitten, dann wird die Folie vom Schutzpapier abgezogen und auf den Stoff geklebt. Der Vorteil dieser Folie liegt darin, dass sie transparent ist.

 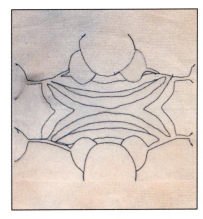

1 Zeichnen Sie einen Entwurf auf eine Papiereinlage. Legen Sie sie mit der Zeichnung nach oben auf den Stoff und stecken Sie sie fest. Falls gewünscht, kann der Stoff in einen Rahmen gespannt werden.

2 Mit dem normalen Nähfuss wird der Geradstich entlang den Linien genäht. Die Stichlänge sollte normal oder etwas kürzer sein. Falls gewünscht, kann im freien Maschinenstich gearbeitet werden.

Die Übertragung eines Entwurfs auf die Stoffrückseite

Die Übertragung eines Entwurfs auf die Stoffrückseite ist besonders nützlich für Applikationsarbeiten. Heften Sie zuerst zwei Stoffe derselben Grösse zusammen: Einer dient als Hintergrundmaterial, der andere ist der Applikationsstoff.

Zeichnen Sie Ihren Entwurf auf ein Stück Pauspapier. Drehen Sie das Papier um, und stecken Sie es auf der Rückseite des Stoffes fest. So wird sichergestellt, dass das Bild auf der rechten Stoffseite nicht umgekehrt erscheint. Nähen Sie im Automatikstich dem Entwurf entlang, so dass das Papier und die beiden Stofflagen durchstochen werden. Auf diese Weise wird der Entwurf auf den Stoff übertragen. Sind alle Entwurfslinien übertragen, wird das Papier weggerissen.

Drehen Sie den Stoff um, so dass die rechte Seite oben liegt, und schneiden Sie den Stoff, der am Applikationsentwurf übersteht, ab. Stellen Sie die Applikation vorne (auf der rechten Seite) mit freien oder automatischen Stichen fertig.

Die Übertragung eines Entwurfs fürs Fadenlegen und Überfangen

Wenn Sie einen Entwurf für das Fadenlegen machen, kann der Entwurf bei nicht durchscheinendem Stoff auf die Rückseite gezeichnet werden. Da bei dieser Technik auf der Stoffrückseite gearbeitet wird, lässt sich das Muster leicht verfolgen.

Entwurfsübertragung vor beleuchtetem Hintergrund

Zeichnen Sie den Entwurf mit einem sehr dunklen Filzstift oder Bleistift auf leichtes Papier. Dann befestigen Sie den Stoff auf dem Papier und lassen durch beide Lagen Licht scheinen.

Kleben Sie den Entwurf auf die Fensterscheibe, legen Sie den Stoff darüber, und befestigen Sie ihn ebenfalls. Der Entwurf wird dann durch den Stoff klar sichtbar und kann mit Kreide in Stiftform oder einem sehr harten Bleistift übertragen werden. Wenn jedoch die Gefahr besteht, dass die Linien durch die fertige Stickarbeit hindurchscheinen, sollte man punktierte Linien wählen, um die sichtbaren Bleistiftlinien zu verringern.

Die Übertragung durch Fotokopie

Um einen Entwurf von der Fotokopie zu übertragen, stellt man ein Lösungsmittel aus einem Teil Wasser und einem Teil Spiritus (Farbverdünner) her. Fügen Sie etwa einen Teelöffel flüssiges Waschmittel hinzu.

Schützen Sie die Arbeitsfläche mit mehreren Stoffschichten. Legen Sie die Fotokopie mit der bedruckten Seite nach oben hin. Mit einem grossen Aquarellpinsel streichen Sie schnell das Lösungsmittel über die Oberfläche der Fotokopie – eine dünne Schicht ist ausreichend.

Legen Sie den Stoff (am besten geeignet ist leichter Baumwollstoff) auf die Fotokopie. Tragen Sie eine dünne Schicht Lösungsmittel auf diesen Stoff auf, bis er an der Kopie klebt. Tragen Sie nicht zu viel Lösungsmittel auf – das Material muss nicht triefend nass sein. Legen Sie ein paar Schichten Papier oder Stoff auf den Transferstoff, und bügeln Sie mit einem Bügeleisen, das auf die höchste Temperatur eingestellt ist, darüber. Achten Sie darauf, dass das heisse Bügeleisen nicht mit dem Lösungsmittel in Berührung kommt. Diese Methode eignet sich am besten, um eine Umrisslinie zu übertragen, über die man dann mit Färbe- und Sticktechniken arbeitet. Die fertigen Arbeiten lassen sich nicht waschen, weil die Tinten nicht farbecht sind und verlaufen würden.

Die Fertigstellung

Wenn eine schöne und einzigartige Stickarbeit fertig ist, stellt sich oft die Frage, wie sie vollendet werden soll. Ist das Endprodukt ein Wandbild, muss das Stück gespannt und gerahmt werden, obwohl einige Bilder ohne saubere Abschlusskanten attraktiver aussehen. Die Fertigstellung der Arbeit kann so wichtig sein wie die Arbeit selbst. Es gibt viele Methoden für die Endbearbeitung von Stickereien, und hier kann nur eine Auswahl der nützlichsten und wirkungsvollsten Methoden vorgestellt werden.

Weiche Wandbilder

Weiche Wandbilder können besondere Merkmale wie Falten, Knitterfalten, Bewegung oder freie Form haben. Derartige Entwürfe können nicht in einen Rahmen gespannt werden, sondern sollten besser locker hängen. Bei einem exakten Rechteck ist es wichtig, akkurat abzumessen und zu überprüfen, dass die Seiten genau parallel verlaufen und die Ekken rechtwinklig sind.

Um sicherzugehen, dass weiche Wandbilder richtig gestützt werden und wie gewünscht hängen, müssen sie gefüttert werden. Der Futterstoff schützt die Rückseite der Arbeit vor Staub und anderen Umweltauswirkungen und lässt sie ordentlicher aussehen. Das Futter kann man aus einem Futterstoff für Gardinen herstellen oder aus einem Stoff, wie er ähnlich für die Arbeit verwendet wurde. Achten Sie darauf, dass der Fadenverlauf der Stoffe (Stickhintergrund, Zwischenfutter – falls vorhanden – und Futter) in derselben Richtung verläuft, da die Stickarbeit sonst möglicherweise nicht gerade hängt.

Ein Zwischenfutter kann auch verwendet werden, um der Arbeit zusätzliches Gewicht zu verleihen, um die Arbeit zu polstern oder um die Endbearbeitung zu erleichtern. Als Zwischenfutter kann man einen weichen Stoff wie Flanell, Baumwolle, Deckenstoff oder ähnliche nichtdehnbare Stoffe wählen. Die Verwendung eines Zwischenfutters ist jedoch freigestellt, und man kann es weglassen, wenn es keinen bestimmten Zweck erfüllt.

Verschiedene Möglichkeiten

Grosse Stickarbeiten hängen bisweilen nicht richtig, weil das Material so zart ist. Diesen Zustand kann man korrigieren, indem man in die Falte am unteren Ende Bleiband einlegt, bevor man das Zwischenfutter befestigt.

1 Schneiden Sie ein Zwischenfutter in der Grösse und Form des fertigen Stücks zu. Die Stickarbeit sollte rundherum etwa 3 cm grösser sein als das Zwischenfutter, so dass die Kante umgefaltet werden kann, ohne dass die Arbeit dadurch dicker wird. Falten Sie das Zwischenfutter halb zurück. Beginnen Sie an der Falte, und arbeiten Sie sich nach unten vor. Nähen Sie das Zwischenfutter mit einem Steppstich im 3-cm-Abstand an der Stickarbeit fest. Wiederholen Sie dasselbe an der anderen Hälfte des Zwischenfutters.

2 Falten Sie die Kanten der Stickerei über das Zwischenfutter, und stecken Sie sie fest. Wenn die Stickerei nicht zu unhandlich ist, können die Ecken auch auf Gehrung ausgerichtet werden. Ansonsten werden die Kanten der Stickarbeit über das Zwischenfutter gefaltet und mit einem Fischgrätenstich Seite für Seite festgenäht.

3 Schneiden Sie den Futterstoff zu. Er sollte an den Seiten etwa 1 cm über die Stickarbeit überstehen. Messen Sie am oberen Ende des Futterstoffes etwa 3 cm ab, und ziehen Sie eine Linie. An dieser Linie entlang nähen Sie mit der Maschine auf der rechten Stoffseite die obere Kante des Noppenteils eines Klettbandes an. Schneiden Sie das Klettband etwas kürzer als die Breite der Arbeit zu. Achten Sie darauf, dass sowohl genug Futterstoff zum Umfalten nach hinten vorhanden ist als auch ein kleiner Rand zwischen der Oberkante des Klettbandes und dem oberen Abschluss der Arbeit.

4 Falten Sie die Kanten des Futters nach innen um, und heften Sie sie fest. Bringen Sie das Futter auf der Rückseite der Arbeit in Position. Heften Sie eine Seite des Klettbandes an der Oberkante fest, und nähen Sie dann die Ober- und Unterkante des Klettbandes mit Steppstichen am Zwischenfutter fest. Einige Stiche sollten durch das Zwischenfutter hindurchgehen und auf der Vorderseite der Arbeit sichtbar sein. Nähen Sie das übrige Futter im Steppstich am Zwischenfutter fest. Nähen Sie die umgefalteten Kanten des Futters mit unsichtbaren Stichen am Zwischenfutter fest. Befestigen Sie die andere Hälfte des Klettbandes (den Teil mit den Widerhaken) mit Heftzwecken oder mit einer Heftmaschine an einer Holzleiste. Bringen Sie die Holzleiste an der Wand an, und drücken Sie die Stickarbeit mit dem Klettband fest.

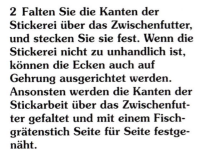

Stickarbeiten müssen nicht unbedingt rechteckig sein oder eine gleichmässige Form haben – einige sehr erfolgreiche Stücke sind vom Umriss her frei und unregelmässig. Die Kanten müssen nicht in jedem Fall bearbeitet werden.

Stickereien lässt man von Holzstäben oder anderen Hängevorrichtungen herabhängen. Flache Arbeiten kann man auf Karton aufziehen und vielleicht mit einem Passepartout in einen Rahmen geben. Bei manchen Rahmen ist das vorherige Aufziehen der Arbeit nicht erforderlich.

Störungsbeseitigung bei der Nähmaschine

Normalerweise wird erwartet, dass eine Nähmaschine ein Leben lang hält. Aber eine Maschine gibt nur gute Dienste und hält lange, wenn sie richtig gewartet wird. Regelmässige Reinigung mit dem Pinsel, um Fuseln und Garnreste im und am Spulenhalter und unter der Nadelplatte zu entfernen, ist besonders wichtig. Beim Maschinensticken bilden sich mehr Fuseln und Garnreste als beim normalen Nähen. Daher sollte der Wartung besondere Beachtung geschenkt werden.

Einige neuere Maschinen sind selbstfettend, aber viele sind es nicht. Deshalb muss man beim Maschinensticken auf regelmässiges Ölen achten. Schauen Sie in Ihrem Handbuch nach, wie Sie dabei vorgehen müssen. Dies ist notwendig, da jede Maschine sich von der anderen unterscheidet. Gehen Sie beim Ölen sehr sorgfältig vor: Zu viel Öl kann den Stoff verschmutzen, und die Maschinenteile müssen mit dem Öl nur benetzt werden.

Um beim Maschinensticken Erfolg zu haben, ist es wichtig, einige der häufig auftretenden Ursachen der Probleme zu erkennen und die Fehler korrigieren zu können.

Problem	Behebung
Der Oberfaden nimmt den Unterfaden nicht auf	**Möglicherweise ist die Nadel falsch herum eingesetzt oder steckt nicht hoch genug in der Nadelklammer. Schauen Sie in der Anleitung nach.**
Ausgelassene Stiche	**Der Stoff ist möglicherweise nicht fest genug im Stickrahmen gespannt. Synthetikfasern sind häufig an ausgelassenen Stichen schuld. Versuchen Sie es mit Naturfasern, oder verwenden Sie für Synthetikstoffe eine Nadel mit Ballspitze.**
	Die Nadel kann stumpf, verbogen oder beschädigt sein. Falls dies der Fall ist, wechseln Sie sie aus.
	Die Nadeln sind möglicherweise für Ihre Maschine nicht geeignet: Überprüfen Sie im Handbuch die Systemnummer.
	Achten Sie darauf, dass der Oberfaden richtig eingelegt ist, schauen Sie in der Anleitung nach.
	Versuchen Sie es beim freien Maschinensticken mit einem Stopffuss.
	Prüten Sie, ob die Nadelplatte verbogen oder eingekerbt ist. Wenn die Nadel beim Kontakt mit der Platte abgebrochen ist, kommt es häufig vor, dass die Platte verbogen, eingekerbt oder sonstwie beschädigt ist. Dies stört beim Nähen.

Der Oberfaden reisst	Die verwendete Nadel ist möglicherweise nicht gross genug, um in den Stoff einzustechen, ohne dass der Faden reisst. Versuchen Sie es mit einer grösseren Nadel. Das Garn könnte zu alt sein. Die Nadel kann beschädigt oder verbogen sein. Möglicherweise muss der Stoff im Stickrahmen stärker gespannt werden. Wenn Sie spezielle Maschinenstickgarne verwenden, ist es manchmal ratsam, die letzte Fadenführung vor der Nadel auszulassen. Achten Sie darauf, dass der Oberfaden ansonsten richtig eingelegt ist. Überprüfen Sie, ob die Spule für die Maschine, in der sie verwendet wird, geeignet ist.
Der Faden wickelt sich von der Garnrolle ab, verwirrt sich und reisst	Befestigen Sie etwas höher neben oder hinter dem oberen Garnrollenhalter eine weitere Fadenführung. Man kann improvisieren, indem man eine Stopfnadel mit grossem Öhr an der Maschine befestigt. Die Firmen Bernina und Elna stellen ein Zubehörteil für diesen Zweck her, das auf den Garnrollenhalter passt.
Der Unterfaden reisst	Überprüfen Sie die Unterfadenspannung. Sie sollte nicht zu hoch sein. Möglicherweise ist die Spule nicht gleichmässig aufgewickelt. Der Faden könnte sich über den Rand der Spule gewickelt haben.
Der Faden wickelt sich	Achten Sie darauf, dass die Presserstange beim Nähen gesenkt ist. Der Oberfaden sollte eingelegt werden, während die Presserstange oben ist. Die Oberfadenspannung könnte zu hoch sein, so dass der Oberfaden beim Auffädeln nicht zwischen den Spannungsscheiben passieren kann. Achten Sie darauf, dass die Spulenkapsel richtig eingesetzt ist. Schauen Sie in der Anleitung nach.
Der Faden bildet auf der Stoffunterseite Schlingen	Achten Sie darauf, dass das Loch in der Stichplatte mit der Nadel in der Mitte des Lochs in einer Linie ausgerichtet ist. Achten Sie darauf, dass die Presserstange gesenkt ist, wenn Sie nähen. Die Unterfadenspannung könnte zu hoch sein. Die Oberfadenspannung könnte zu locker sein.
Geräusche in der Maschine	Die Maschine muss möglicherweise geölt werden: Schauen Sie in der Anleitung nach. Der Spulenkapselbereich könnte mit Fuseln verstopft sein. Entfernen Sie diese vor dem Ölen mit dem Pinsel.
Allgemeiner Hinweis	Es ist immer ratsam, den Spulenkapselbereich häufig mit dem Pinsel zu reinigen und die mechanischen Teile der Maschine sauberzuhalten.

Stichwortverzeichnis

aufgenähte Stoffstreifen 48f.
automatisches Maschinensticken
    Bedeutung 10
automatisches Nähen 11
    aufgenähte Stoffstreifen 48f.
    Crazy Patchwork 45f.
    Fadeneinlegen 16
    Fadenlegen und Überfangen 50f.
    Kräuseln mit Gummifaden 96
    Maschineneinstellung 16
    Nähen 16
    Oberfadenspannung 16
    Ober- und Unterfadenspannung 16
    Rüschen 96
    Satinstich 36ff.
    Stepparbeiten 32ff.
    Unterfadenspannung 17
    Zierstiche 47

Bindlöcher 65f.
Bindlochplatte 28

Crazy-Stich 55

Durchbrucharbeit 86f.
    mit Spitzenfüllung 72ff.

Einlagen 20f.
    Nähen auf 98f.
Entwürfe
    Entwicklung 102
    Konzepte von 100
    nach Fotos 106
    Struktur schaffen mit Formen 108
    Übertragung auf Stoff 118ff.
    Verwendung von ausgeschnittenen Papierformen 107
    Verwendung von Farbe 110ff.
    Wiederholungsformen 104

Fadenlegen 50f.
    freies 70f., 86

Farbe
    Marmorieren 114
    Mischen von 110
    Proportionen 112
    Untersuchung 113
    Verwendung von 113
Färbemittel, Verwendung von 116
Fransengabel 29
freie Maschinenstiche 11
freies Maschinensticken
    aufgenähte Fäden 64
    Bedeutung 10
    Bindlöcher 65f.
    Checkliste für neue Nähmaschine 14
    freie Durchbrucharbeit mit Spitzenfüllung 72ff.
    freier Vorstich 54f.
    freier Zickzackstich 58f.
    freies Fadenlegen 70f., 86
    Hohlnahtarbeit 77
    mit der Nadel zeichnen 56f.
    offene Arbeit 74ff.
    Steppen 60ff.
    überwendlicher Stich 67ff.
    Vorbereitung der Maschine für 52
freier Vorstich 54f.
    strukturierte Stiche basierend auf 55
freier Zickzackstich 58f.

Garne
    Abwickeln 24
    aufgenähte Fäden 64
    für aufgenähte Stoffstreifen 49
    für Bindlöcher 66
    für Crazy Patchwork 45
    für freie Durchbrucharbeit 72
    für freies Maschinensteppen 61
    für freien Vorstich 54
    für gehöhten Satinstich 40
    für Maschinen-Patchwork 89
    für Maschinensticken 22ff.
    für Satinstich 38, 44
    für Spitze auf sich auflösendem Musselin 79
    fürs Fadenlegen 50, 70
    fürs Nähen in der Luft 90
    fürs Steppen 32
    fürs Stoffschichten 84f.
    für überwendlichen Stich 67
    Hinweise für die Verwendung von 24
    Unterfaden 24
    zum Aufnähen von Perlen und Pailletten 83
    zum Schaffen von Struktur 108

heisswasserlöslicher Stoff, Spitze für 82
Hohlnahtarbeit 77

kaltwasserlöslicher Stoff, Spitze auf 81
Kunststoff, Nähen auf 98

Luft, Nähen in der 90ff.

Marmorieren 114

Nadeln
    für aufgenähte Stoffstreifen 49
    für Crazy Patchwork 45
    für freie Durchbrucharbeit 73
    für Satinstich 36, 38
    für freien Vorstich 54
    für freies Maschinensteppen 61
    fürs Fadenlegen 50, 70
    fürs Nähen in der Luft 93
    für Spitze auf sich auflösendem Musselin 79
    fürs Steppen 34
    fürs Stoffschichten 84
    für überwendlichen Stich 67
    Grössen 25
Maschinensticken 25ff.

Nähfüsse
    für aufgenähte Stoffstreifen 50
    für Bindlöcher 66
    für Crazy Patchwork 45
    für das Nähen in der Luft 93
    für freien Vorstich 54
    für gehöhten Satinstich 40
    für Satinstich 28, 36, 44
    fürs Fadenlegen 50
    für Maschinenpatchwork 89
    für überwendlichen Stich 67
    Typen 28
    zum Aufnähen von Perlen und Pailletten 83
    zum Stoffschichten 84
Nähmaschinen
    Abdeck-/Stopfplatte 14
    Änderung der Unterfadenspannung 15
    Checkliste für die Käuferin 14
    Computer- 14
    elektronische 13
    elektronische Geschwindigkeitskontrolle 14
    für Satinstich 36
    Geradstich- 12
    Geschichte der 6ff.
    halbautomatische 12
    Neukauf 12
    Pendelnadel 7
    Presserfuss 15
    Stichplatte 15
    Störungsbeseitigung 124f.
    Transporteur 15
    vollautomatische 13
    Zickzack- 12

offene Arbeit 74ff.

Pailletten, Aufnähen von 83
Papier
    Formen für Entwürfe 107
    Nähen auf 98
Patchwork
    auf der Maschine Stoff kreieren 88f.
    Crazy 45f.
Perlen, Aufnähen von 83
Presserfuss 15

Rahmen 30f.
Rüschen 94, 96

Saatstich 55
Satinstich
    Fransen 42f.
    gehöhter 40f.
    Kanten für Formen 28, 39
    Kordeln 44
    Materialien 36
    Perlen   58f.
    Variationen 37
sich auflösender Musselin 20f.
    Spitze auf 78ff.
Spitze
    auf heisswasserlöslichem Stoff 82
    auf kaltwasserlöslichem Stoff 81
    auf sich auflösendem Musselin 78ff.
    zum Füllen von freier Durchbrucharbeit 72ff.
Spule 31
    Kapsel 31
    Spannung 15, 17
    Unterfaden 24
Stepparbeiten 32ff.
    freie Maschinen- 60ff.
    mit Trapunto 62f.
Stiche
    Crazy- 55
    Fadenlegen 50f.
    für aufgenähte Stoffstreifen 49
    für Durchbrucharbeiten 73
    freier Vorstich 54f.
    freier Zickzackstich 58f.
    freies Fadenlegen 70f., 86
    freies Nähen 11
    für Bindlöcher 66
    für freies Maschinensteppen 61, 63
    für Maschinenpatchwork 89
    fürs Nähen in der Luft 93
    fürs Steppen 34
    fürs Stoffschichten 84f.
    für Trapunto 62
    Geradstich 54f.
    programmierte 47
    Saatstich 55
    Satinstich 36ff., 59
    überwendlicher Stich 67ff.

Vermicelli-Stich 55
Stichplatte 15
Stoffe
    aufgenähte Stoffstreifen 48f.
    Aufnähen von Perlen und Pailletten 83
    Bearbeitung von 94ff.
    Durchbrucharbeit 86f.
    Einlagen 20f.
    für Crazy Patchwork 45
    für freie Durchbrucharbeit 72
    für freien Vorstich 54
    für freies Steppen auf der Maschine 60, 62
    für gehöhten Satinstich 40
    für Hohlnahtarbeit 77
    für Maschinensticken 18f.
    für Satinstich 36, 38
    fürs Fadenlegen 50, 70
    fürs Steppen 32
    für Trapunto 62
    für überwendlichen Stich 67
    kreieren mit Maschinenpatchwork 88f.
    mit der Maschine kreieren 88f.
    plastisches Gestalten 97
    Schichten 84f.
    sich auflösender Musselin 20f.
    strukturelle Effekte mit Färbemitteln 116
    Übertragung von Entwürfen auf 118ff.

Techniken zur Fertigstellung 122f.
Transporteur 15
    Absenken 10
Trapunto 62f.

überwendlicher Stich 67ff.

Vermicelli-Stich 55

Walzenfuss 29

Zierstiche, Untersuchung von 47
Zubehör für kreisförmiges Nähen 29

Dank

Ich danke allen Stickerinnen, die so freundlich waren, mir Arbeiten für die Wiedergabe in diesem Buch zur Verfügung zu stellen. Ausserdem möchte ich folgenden Firmen danken: Pfaff (Britain) Ltd – für die Leihgabe von Nähmaschinen, Nadeln und Zubehör und für nützliche Informationen; Frister and Rossman Sewing Machines Ltd, für die Leihgabe einer Nähmaschine; Elna Sewing Machines (G. B.) Ltd – für die Leihgabe einer Nähmaschine; Fraudenberg Nonwovens Ltd – für Einlagen; Madeira Threads (UK) Ltd – für Garne und lösliche Stoffe; A. West & Partners Ltd – für Pebeo-Stoffarben und Färbemittel und Morris and Ingram (London) Ltd – für eine Sprühpistole für Stoffarben.

Anmerkung: Alle Arbeiten sind, wenn nicht anders vermerkt, von der Autorin.